北京体育大学
BEIJING SPORT
UNIVERSITY

齐心防疫

北体名师带你科学健身

《齐心防疫——北体名师带你科学健身》编写组　编

北京体育大学出版社

策划编辑：冠军赛道
责任编辑：佟　晖　赵海宁
责任校对：潘海英
版式设计：谭德毅

图书在版编目（CIP）数据

齐心防疫：北体名师带你科学健身 /《齐心防疫：北体名师带你科学健身》编写组编. -- 北京：北京体育大学出版社, 2020.3
ISBN 978-7-5644-3239-3

Ⅰ. ① 齐… Ⅱ. ① 齐… Ⅲ. ① 健身运动—基本知识 Ⅳ. ① G883

中国版本图书馆CIP数据核字（2020）第036960号

齐心防疫——北体名师带你科学健身

《齐心防疫——北体名师带你科学健身》编写组　编

出版发行：北京体育大学出版社
地　　址：北京市海淀区农大南路1号院2号楼4层办公B-421
邮　　编：100084
网　　址：http://cbs.bsu.edu.cn
发 行 部：010-62989320
邮 购 部：北京体育大学出版社读者服务部 010-62989432
印　　刷：北京昌联印刷有限公司
开　　本：710mmx1000mm　1/16
成品尺寸：170mm × 240mm
印　　张：9.5
字　　数：197千字
版　　次：2020年3月第1版
印　　次：2020年3月第1版第1次印刷
定　　价：48.00元

本书编委会

主　　编　邢尚杰

副 主 编　解植岗　闫　翔　李岭涛

执行主编　郭晓勇

执行副主编　佟　晖　孙宇辉　闫文龙

编委及撰稿　（按姓氏笔画排序）

马鸿韬　王正珍　任　弘　刘晓蕾

严　翊　李　卫　李　然　李红娟

李翠玲　张　凯　张一民　罗冬梅

赵海宁　郭　勇　郭　璐　黄康辉

曹建民

序

2020 年伊始，新型冠状病毒肺炎疫情突然暴发，以习近平同志为核心的党中央高度重视并迅速作出部署。14 亿中国人民众志成城、守望相助，坚忍不拔、顽强奋战，展现了令人惊叹的中国力量、中国精神。在这场没有硝烟的战“疫”中，“体育”展现了独特魅力，全国上下或居家锻炼或工余健身，为彻底打赢这场战“疫”传递、积蓄身心正能量。

沧海横流显本色，危难时刻见初心。自建校以来，北京体育大学始终与国家民族同呼吸、共命运，红色基因、家国情怀薪火相传。新时代下，北体人始终牢记习近平总书记给 2016 级研究生冠军班回信中“使命在肩、奋斗有我”的嘱托，在校党委统一部署之下，组织发起了系列凝心聚力和公益内容服务活动，制作了大量优质“宅家健身”系列文图、视频课程等，这些举动充分展现了北体人利用办学资源优势，以人民为中心，齐心协力共克时艰的决心和情怀。

此次，来自北京体育大学各学科的 16 位名师，凝聚北体智慧、贡献北体力量，编写了《齐心防疫——北体名师带你科学健身》这本文、图、视频并茂的读物，以体育健身领域科学、权威、专业的知识技能，帮助读者实现居家、工余科学健身，提升免疫力，调适心理，为全国抗击疫情“一盘棋”做贡献，也为健康中国做贡献。

上下同欲者胜，风雨同舟者兴。在以习近平同志为核心的党中央坚强领导下，我们坚信，我们不仅能打赢这场疫情防控阻击战，而且能从这次疫情磨难中更好地学习成长。通过科学健身，让我们“文明其精神，野蛮其体魄”，养成健康的生活习惯，迎接更美好的明天。

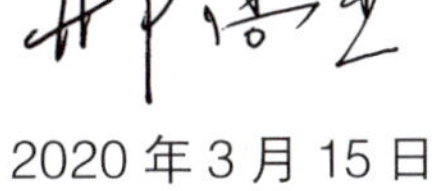

2020 年 3 月 15 日

前 言

新型冠状病毒肺炎疫情发生后，党中央高度重视，习近平总书记就疫情防控工作多次发表重要讲话并作出重要指示。北京体育大学（以下简称北体）坚持“疫情就是命令，防控就是责任”，多措并举做好科学防控。

疫情期间，全民宅居为主，不宜外出锻炼、消遣，心理和身体都亟须做健康梳理。北体作为国内最高体育学府，义不容辞，集全校之力，策划了一系列疫情防控公益内容服务，制作了大量优质“宅家健身”系列文图、视频课程等，本书亦为系列行动之一，集中相关学科北体名师的智慧力量，在北京体育大学出版社的配合下，完成出版工作。

全书以体育助力疫情防控为中心，依据编写组成员各自的专业研究领域，立足体育的同时，结合免疫学、营养学、心理学等学科知识，细致梳理，为读者提供指导性强、实用性好的方案和建议。全书分为科普篇和健身篇，科普篇重在科普知识，向读者提供防疫实用知识、饮食营养方案、心理调适建议、适当运动增强免疫力、家庭关系促进、不同人群健身指导等内容；健身篇重在健身方法，针对老、中、青、少不同人群的身心特点及不同的健身需求，提供了亲子活动、快乐健身操、减脂塑形、轻松拉伸、居家高强度间歇训练、八段锦、太极拳综合十式等多种项目的练习方案。此外，本书还有如下亮点：编写组倾情录制了所编写主题的开题小视频，模拟面对面交流场景，为读者认真讲解本主题的特色、作用；提出了名师防疫主张，传递北体正能量；充分借助互联网手段，将动作教学、拓展阅读、自我测评等丰富内容与图文密切融合，达到了融媒体出版新效果。

目前疫情防控形势已呈现积极向好的态势，全国人民在党中央的坚强领导下，不获全胜，决不收兵。期望广大读者通过本书不仅可以获得强健的身体，还可以修炼健康的心理，养成良好的运动习惯。待战“疫”胜利后，继续以梦为马，以汗为泉，不忘初心，不负韶华。

本书编写组

2020 年 3 月 2 日

目 录

CONTENTS

科普篇

健身篇

齐心防疫——北体名师带你科学健身

科普篇

本篇由九位北体名师同你分享健康防疫的必备知识，涵盖了六大主题：防疫实用知识、饮食营养方案、心理调适建议、适当运动增强免疫力、家庭关系促进和不同人群健身指导。

1 防疫实用知识

北体名师小讲堂

北体名师

任弘，北京体育大学教授，博士生导师，国家体育总局、北京市体育局“全民健身、科学健身”讲师团成员，教育部新世纪优秀人才，北京市教学名师。

李红娟，北京体育大学教授，博士后，博士生导师，国家体育总局“优秀中青年专业技术人才百人计划”培养对象，北京市健康科普专家。

李然，北京体育大学副教授，博士，2016 年入选国家体育总局“优秀中青年专业技术人才百人计划”。

张一民，北京体育大学教授，博士，博士生导师，国家健康科普专家，全国学生体质健康调研组专家，中国体育科学学会体质研究分会常委。

本章介绍了新型冠状病毒肺炎流行病学特征及防控、生活方式与健康、体育锻炼的益处等知识；此外，通过识别二维码，还可了解有关传染性疾病、自我健康测评等拓展知识。

防疫主张：改善自我，预防疾病。

积极防控新型冠状病毒肺炎的重要措施是切断病毒的传播途径。在对抗新型冠状病毒的战斗中，我们每一个普通人都做好自我防护，认真做好隔离，如实汇报自我状况，发现疫情及时报告并配合专业人员采取措施，就是对病毒最大的控制和打击，也是我们每位“抗疫战士”必须完成的任务。

一、新型冠状病毒是什么，如何传播和流行

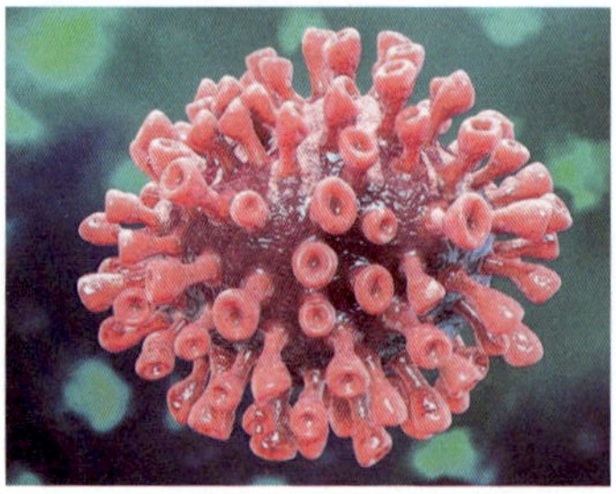

图片引自 2020 年 1 月 27 日国家病原微生物资源库发布的新型冠状病毒电镜照片

新型冠状病毒是自然界广泛存在的一大类病毒中的一员，是目前已知的第七种可以感染人类的冠状病毒。根据《新型冠状病毒感染的肺炎诊疗方案（试行第六版）》所述，人际传播过程中的传染源主要是新型冠状病毒肺炎患者，而无症状者也可能成为传染源。新型冠状病毒的传播途径主要是呼吸道飞沫和密切接触，同时在相对封闭的环境中长时间暴露于高浓度气溶胶情况下，存在经气溶胶传播的可能。目前的证据表明，人群普遍易感新型冠状病毒，潜伏期 1~14 天，多为 3~7 天出现临床症状。中国疾病预防控制中心在 2020 年 2 月 11 日对当前新型冠状病毒肺炎的流行特征做了报告。在调查的 72314 例病例中，确诊病例占 61.8%，疑似病例占 22.4%，临床诊断病例占 14.6%，无症状感染者占 1.2%；从年龄分布看，主要在 30~69 岁（77.8%）；从地区分布看，以湖北省为主，占 74.7%；从严重程度看，轻或中症病例占 80.9%，重症病例占 13.8%，危重病例占 4.7%，但是危重病例的粗病死率达到 49%。截至 2020 年 2 月 11 日，湖北省地区的粗病死率（2.9%）是非湖北省地区（0.4%）的 7.3 倍。80 岁及以上年龄组的粗病死率最高，为 14.8%。未报告合并症患者的粗病死率约为 0.9%，有合并症患者的病死率则高得多，其中心血管疾病患者为 10.5%、糖尿病患者为 7.3%、慢性呼吸道疾病患者为 6.3%、高血压病患者为 6.0%、癌症患者为 5.6%。

了解传染性疾病的分类及传播途径

二、如何预防与控制新型冠状病毒肺炎疫情

1. 尽量减少外出活动

（1）避免去疾病正在流行的地区。

（2）建议减少走亲访友和聚餐，尽量在家休息。

（3）减少到人员密集的公共场所活动，尤其是空气流动性差的地方，如公共浴池、温泉、影院、网吧、商场、车站、机场、码头、展览馆等。

2. 个人防护

（1）建议外出时佩戴口罩。外出前往公共场所、乘坐公共交通工具时，可佩戴一次性使用医用口罩；外出就医应佩戴医用外科口罩或 N95 口罩。

（2）保持手卫生。减少接触公共场所的公共物品；从公共场所返回、饭前便后，用洗手液或香皂洗手并用流水冲洗干净，或者使用含酒精成分的免洗洗手液；不确定手是否清洁时，避免用手接触口、鼻、眼；打喷嚏或咳嗽时，用手肘、衣服遮住口鼻。

3. 健康监测与就医

（1）主动做好个人与家庭成员的健康监测，建议早晚各测量一次体温。

（2）若出现可疑症状，应按照中国疾病预防控制中心发布的“可疑症状者”和“公共就医”指南执行。

4. 保持良好的卫生和健康习惯

（1）居室勤开窗，经常通风。

（2）家庭成员不共用毛巾，保持家居、餐具清洁，勤晒衣被。

（3）不随地吐痰，口鼻分泌物用纸巾包好，弃置于有盖垃圾箱内。

（4）注意营养，适度运动。

（5）不接触、购买和食用野生动物，尽量避免前往售卖活体动物的市场。

（6）家庭应常备体温计、一次性医用口罩、家用消毒用品等。

三、生活方式与健康

生活方式是一个内容相当广泛的概念，它包括人们的衣、食、住、行、工作、娱乐等物质生活和精神生活的价值观、道德观、审美观，以及与这些方式相关的各个方面。生活方式深刻且长久地影响人体的体质水平和健康状况。全面改善生活方式，提升个体体质水平，是对抗各类型疾病的根本措施。

什么是健康

健康不仅仅是没有疾病或虚弱，而是身体、心理和社会适应的完好状态。

具体表现为体格健壮，体型匀称，体姿正确，身体各器官功能良好；情绪乐观，意志坚强，能正确评价自己，有较强的抗干扰、抗不良刺激的能力；并通过自我调节保持与社会复杂环境的均衡与协调。

为了提升个体健康状况，无论是对抗传染性疾病，还是预防非传染性疾病，都需要保持良好的生活方式。

健康状况自我测试

1. 良好的作息习惯

新型冠状病毒肺炎在中国和其他国家扩散迅速，宅在家里成了最安全的方式。在家看电视，一看看到凌晨两三点，时间有的是，一睡睡到中午 12 点，时间都颠倒了，很多人都成了“后起之秀”。这种颠倒的生活作息对身体健康是有害的。

（1）经常熬夜最容易疲劳、精神不振。人体的免疫力也会跟着下降，相比规律睡眠的人，经常熬夜的人更易患感冒、胃肠道感染、过敏等病症。

（2）长期熬夜还会导致睡眠质量下降、健忘、焦虑不安、反应速度下降等神经症状，过度熬夜会使神经系统功能紊乱，智力水平、注意力集中的能力和决策能力也会受到不同程度的影响，大脑单位时间内能摄入的信息量减少将近一半。

（3）对呼吸系统的“毒害”。不活动的空气中含有大量细菌、病毒、二氧化碳和尘粒，这对呼吸道的抗病能力有不良影响。例如，卧室里的空气在早晨时最浑浊，应定时通风换气。

（4）熬夜和睡眠质量不佳对儿童青少年影响更大。研究表明，睡眠质量差的儿童生理功能、情感功能、社会功能、在学校（幼儿园）的表现、生活质量等方面均较差。同时，睡眠不足也会影响身高增长。

（5）睡得越少，越容易发胖。研究发现：当睡眠时间小于 8 小时，增加的身体质量指数（BMI）与减少的睡眠时间成正比，也与减少的血清瘦素含量和增高的血清胃饥饿素成正比。在青少年中，睡眠时间每减少 1 小时，血清瘦素含量就会下降 0.06 个单位，而血清瘦素含量下降则会导致身体质量指数增加，即每天睡眠少于 8 小时，睡得越少，越容易饿，也越容易长胖。

（6）晚上熬夜，早晨不起床，导致大便不规律，易形成便秘。

（7）破坏人体稳定的生物钟，不利于疫情解除后尽快投入工作。人体激素的分泌是有规律的，赖床者体内生物钟节律变乱，白天激素水平上不去，夜间激素水平下不来，让人饱尝夜间睡不着，白天心情不悦、疲惫、打哈欠等“睡不醒”的滋味，不能在疫情解除后精力饱满地投入到工作中。

建议大家做到

保持规律的生活习惯，不要熬夜，不要睡懒觉。成年人 23:00 到次日 7:00 是睡眠的最佳时段。儿童青少年需要更早一些入睡，保证每天 9~10 小时的睡眠。

- 21:00—23:00，为免疫系统排毒时段，此时段应做些安静的事，如听音乐、练书法等。
- 23:00—次日1:00，为肝排毒时段，需在熟睡中进行，养肝保肝。
- 1:00—3:00，为胆排毒时段。
- 3:00—5:00，为肺排毒时段，咳嗽的人在这段时间咳得最剧烈。
- 24:00—次日4:00，为脊椎造血时段，必须熟睡，不宜熬夜。
- 5:00—7:00，为大肠排毒时段，应养成习惯，上厕所排便。过多睡懒觉，容易造成没有便意或便秘。
- 7:00—9:00，为小肠吸收营养高峰时段，应在此期间吃早餐。

（8）睡眠影响人体的免疫功能。美国佛罗里达大学的免疫学家贝里·达比（Berry Darby）教授经研究认为，睡眠与提高免疫力和抵抗疾病的能力有关。人体进入睡眠状态时，会分泌大量与代谢和免疫有关的激素，免疫系统在活跃地工作，杀死病菌、修复伤口等。如果睡眠不足，不但身体疲劳得不到恢复，还会由于激素合成不足，造成体内内环境失调、免疫功能降低。

2. 体育锻炼 + 体力活动

随着科技的进步和生活水平的提高，几十年前人们生活和工作中的许多体力活动逐渐消失，静坐类的工作和娱乐方式越来越多，导致现代人体力活动水平明显下降，日常能量消耗骤降。同时，各类高热量食物供给充足，人们可以轻松地得到超量的美味食物，导致热量摄入过量。但遗憾的是，现代人的基因与几千年前的古代人没有多少差别，而那时的人几乎是每天户外劳动 8~10 小时，摄取食物较少，且以低糖高纤维素食物为主，食物加工方式也比较简单。已经适应了这样“简单”生活的人类基因，面对突变的现代生活方式，就产生了大量失配性疾病——人类古老基因与现代生活方式不同步引发的各类疾病，如 2 型糖尿病、某些类型心脏病、近视、痛风、哮喘、高血压、焦虑、失眠、抑郁、注意力缺乏、多动症、某些癌症、慢性疲劳综合征、乳糖不耐受等。

体力活动缺乏会引发许多身心问题

（1）肥胖。

（2）肌肉减少，身体灵活性降低，活动能力下降。

（3）活动时容易受伤。

（4）心肺耐力下降。

（5）心血管疾病患病风险增加。

（6）自感生活满意度下降、沮丧。

（7）社会适应性下降，认知能力下降。

（8）骨量峰值不足，骨质流失速度加快，骨质疏松风险增高。

（9）高密度脂蛋白过低。

（10）多种癌症发病率增高。

推荐阅读

相关详细内容，推荐大家阅读由浙江人民出版社出版的图书——《人体的故事》，作者：丹尼尔·利伯曼（Daniel Lieberman）。

体育锻炼与体力活动的区别

体育锻炼是有目的、有计划地专门进行的身体活动，能量消耗较高，健身效果较好。

体力活动是指任何能量消耗高于静卧的身体活动，如穿衣、擦地、做饭、逛街等。

因此，在无力改变现代生活环境的前提下，只能积极改变自身的生活方式，坚持体育锻炼，尽量增加现有生活中的体力活动。对于现代人来说，体力活动（体育锻炼）与吃饭、喝水一样，是身体健康的基础保障。

3. 饮食

膳食营养是体质健康的重要基础，对于婴幼儿和老年人更加重要。青少年阶段身体生长迅速，家长往往比较重视孩子的饮食，加之青少年自身具有完全的自主摄食能力，因而青少年的营养问题不会特别令人担心，需要重视的是热量摄入过多导致的肥胖问题。婴幼儿自身不能自主摄食，完全依靠养育人的精心照顾，而且健康的其他影响因素（体育锻炼、心理健康、社会环境等）的影响作用相对其他阶段比较弱，所以此阶段的营养状况对婴幼儿的健康影响非常大。

老年人的营养问题比较突出，尤其是高龄老人。第一，饮食量随年龄增长而下降，营养摄入量少了；第二，单独居住的老年人饮食种类相对较少，可能做一顿饭吃三次；第三，节衣缩食，整体饮食水平较低。故而老年人因营养不良会导致身体机能下降、抵抗力下降，更有可能感染疾病。

此外，上班族由于工作忙碌或生活习惯不好，也可能存在以下一些问题：

（1）不吃早餐，午餐凑合，晚餐严重超量。

（2）外出就餐次数较多，带来久坐、酗酒、吸烟、能量摄入增加等问题。

（3）饮食过于精细，细粮多，精加工食物多。

（4）三餐不定时。

（5）蔬菜、高质量蛋白、谷物摄入不足。

（6）零食过多，导致糖、盐、食物添加剂摄入过多。

想要改善自身体质状况，提高健康水平，广大读者需要不断优化自己的饮食结构和饮食习惯，并保持终生。

4. 减少久坐

久坐不动，不利于血液循环，容易诱发心血管疾病，对下肢血管尤为不利。久坐也会造成直肠肛管静脉扩张，血液淤积，致使静脉曲张，并可能患痔疮，发生肛门疼痛。妇女还会因盆腔静脉回流受阻、淤血过多导致盆腔炎、附件炎等妇科疾病。长时间坐姿也是颈椎、腰椎发病的重要诱因。

国内外多项研究证实：保持长时间（1 小时以上）坐姿后，5~10 分钟的活动即可产生良好的健康收益。因此，建议广大读者在工作中养成打断久坐的习惯，可以起身去趟洗手间、接杯水喝、伸伸懒腰、做 20 个站姿提踵等。

久坐少动包含两层含义

久坐是指一次坐姿时间超过 3 小时，或每天工作生活中坐姿时间累计超过 10 小时。很多有体育锻炼习惯的人，仍然可能属于久坐人群。少动是指缺少体力活动和体育锻炼。少动的人可能不是久坐人群，如收银员或酒店前台接待员等。久坐和少动都是我们应该尽量避免的不良生活习惯。

5. 压力管理

现代生活节奏越来越快，我们大家被裹挟在越来越快的时代洪流中，独善其身似乎不可能。工作、学习、生活、个人发展、他人升迁……都给我们带来紧迫感，令人紧张，压力倍增。较长时间承受较大的压力，会给人的身心带来较大的伤害，容易诱发溃疡、心脏病、高血压、肥胖、抑郁等疾病。

你有多大的压力？让我们来做个小测试吧。

压力的来源：

（1）重要生活事件。

（2）生活小困扰。

（3）灾变事件，包括自然灾害和人为灾害，如这次新型冠状病毒肺炎导致的疫情。

（4）长期的社会事件，交通拥挤、环境污染、经济不景气、社会治安不好等。

（5）心理困扰，指个人心理因素的困扰。

（6）学习、就业、升职、他人进步带来的竞争压力。

缓解压力的方法

- 正确评价自己，自信、不攀比，做好自己。
- 适度工作，量力而行。
- 结交朋友，善待家人，经常进行深度交流与沟通。
- 工作学习与体育锻炼和家务劳动交替进行，积极性休息。
- 坚持良好的作息习惯，不熬夜。

四、体育锻炼的益处

运动是增强体质、促进健康、防控疾病的有效手段，养成良好的运动习惯是保护健康的关键。运动不仅可以有效地提高机体的免疫力、心肺耐力、肌肉力量等，而且还能有效地缓解居家时的焦虑情绪。为了我们自身的健康，运动吧！

1. 良好的心肺耐力是保护健康的基础

心肺耐力是人体持续运动的能力，其能力的强弱与心脏泵血、肺通气与换气、血液循环运载氧气和肌肉等外周组织对氧的利用能力有关。研究证实，心肺耐力是全因死亡率和心血管疾病死亡率的独立预测因子。与高心肺耐力人群相比，低心肺耐力者全因死亡率和心血管疾病 / 冠心病的相对风险显著增加，心肺耐力的提高能有效降低心血管疾病、糖尿病以及某些癌症的死亡风险；如果每个人都有中等水平的心肺耐力，全因死亡率将降低 17%。良好的心肺耐力除了受遗传因素影响外，主要依靠长期系统的科学锻炼。

2. 强壮的肌肉是维持生命活力的条件

“肌肉饥饿”是造成机体代谢失调的主要原因。运动的本质就是通过肌肉的收缩和舒张来牵拉骨骼，使肢体产生位移的过程。正确的力量练习可以有效地维持或提高骨密度，避免骨质疏松的发生；改善神经对肌肉的控制能力，促进肌肉发达，维持肌肉质量；优化身体成分，促进瘦体重增加；强化软组织（如肌腱）的强度，缓解腰背疼痛和行动迟缓等状况。

3. 良好的柔韧素质是预防运动风险的条件

柔韧素质是指人体各关节的活动幅度，它不仅是我们日常活动能力（如走、跑、跳等）的基础，而且还是保证我们安全运动的条件。如居家时间长了，难免会头颈疼、后背疼等，这就是头颈部、腰背部和大腿后侧肌群伸展性不足、肌肉耐力较差导致的。我们在居家运动时，一定要牢记：运动时不能逞能，运动后要拉伸。这样才能确保我们安全运动。

4. 适量运动能有效增强免疫力

研究证明，中等强度运动可降低呼吸道感染的发生率，尤其是经常久坐的人，可以通过参加运动降低呼吸道感染的风险。

流行病学调查表明，静坐少动与全身性低度炎症之间存在相关性，身体活动水平较低的人群，其身体健康状况与炎症生物标志物存在负相关。不爱运动的人，其获得性免疫力也较低，而后天获得性免疫力正是我们人类战“疫”的利剑。

5. 居家运动能有效缓解焦虑情绪

现代养生学强调心理健康与生理健康一样重要。运动是生命的源泉，各种愉快心境可以在运动中获得，各种烦恼和困惑可以在运动中抛弃。正所谓“虚弱的身体永远不会拥有活力的灵魂和智慧”。

《黄帝内经》认为，“怒伤肝，思伤脾，忧伤心，悲伤肾，惊伤胆”。不良情绪是导致生理异常和疾病的重要因素之一，而运动是坏情绪的宣泄通道。因为运动可以抑制大脑中杏仁核的激活，阻止负面情绪的出现；同时，运动会促使大脑分泌多巴胺，使我们拥有更多的正面情绪。正如一位心理学家所指出的：“运动能有效地降低居家时的焦虑情绪，并且效应至少持续 2 小时”。

② 饮食营养方案

北体名师小讲堂

北体名师

严翊，北京体育大学教授，博士后，博士生导师，中国营养学会注册营养师，北京市健康科普专家。

曹建民，北京体育大学教授，博士，博士生导师，北京市教学名师，著名运动营养专家，2020 年东京奥运科技助力专家组成员。

营养是身体免疫功能的物质基础。良好的营养能有效保障机体免疫功能发挥作用，增强抵抗病毒感染的能力。居家期间，如何通过合理营养提高免疫力、降低易感性？我们帮助你从膳食营养的知、信、行全面“武装”起来，通过合理采买、科学烹饪、健康择食、严格分餐，打赢这场战“疫”。

防疫主张：营养助力，战“疫”必胜！

一、合理采买——品种丰富，搭配合理

《中国居民膳食指南（2016）》建议我国 2 岁以上健康人群每天的膳食应包括谷薯类、蔬菜水果类、畜禽鱼蛋奶类、大豆坚果类等食物。防疫期间，为了配合防疫工作，在提倡在线采购的同时，各地对每户家庭外出采买的人员数量和频率都提出了一定的限制。如何高效地通过在线或外出采购，买到好的、对的食物和食材呢？做到以下几点，你便能圆满完成采购任务。

中国居民平衡膳食宝塔（2016）

资料来源：中国营养学会．中国居民膳食指南（2016）[M]. 北京：人民卫生出版社，2016.

1. 主食类——粗细均衡

主食是每日膳食中主要的食物，主要是指为我们提供碳水化合物（糖类）的食物，是我们饮食结构中能量的主要来源。我们必须从主食中获取足够的碳水化合物（糖类）来满足机体的能量需求。由于我们日常食用的大米、面粉多为精加工食材，富含淀粉，但维生素、矿物质和纤维素的含量不足，因此，依据“食物多样，谷类为主”的原则，在日常主食（米、面）类食材的基础上，增购玉米、燕麦、小米等全谷物，以及薯类（红薯、芋头、山药等）、杂豆类（红豆、绿豆、黑豆等）食材，做到粗细合理搭配，有助于增加主食中维生素、矿物质和膳食纤维的含量。一些市售零食，如蛋糕、饼干、糖果、薯片等大都属于高糖高热量的深加工食物，对居家防疫没有益处，建议尽量减少此类食物的摄入量。

2. 果蔬类——色丰量多

水果蔬菜是维生素、矿物质、膳食纤维和植物化学物质的重要来源。其中深色果蔬中的胡萝卜素、核黄素和维生素 C 含量较浅色果蔬高，具有较强的抗氧化、调节免疫的作用。但是在采购蔬菜时，请注意青菜、菠菜、芹菜等叶菜类维生素含量较高，存放时间过长容易产生亚硝酸盐，不宜储存；根茎类蔬菜，如洋葱、青椒、西兰花、大白菜、胡萝卜、番茄、莴笋、南瓜等的膳食纤维含量较叶菜低，但适宜储存；十字花科蔬菜，如紫甘蓝、菜花、卷心菜等，含有抑癌成分；菌类食材，如木耳、蘑菇、平菇、香菇等，不仅具有高蛋白低脂肪的特点，还含有多糖、胡萝卜素、铁、锌和硒等营养素。藻类食材，如紫菜、海带等，含有丰富的蛋白质和维生素 B 类，且富含碘；水果中的柑橘、橙子、柚子、苹果、猕猴桃等富含维生素 C，苹果、梨、香蕉等富含果胶等膳食纤维；雪梨、银耳、蜂蜜、山药、百合、柚子、莲藕、葡萄等具有益气养肺的作用。

根据“食物多样”的原则，采买的蔬果品种应尽量丰富，确保餐餐有蔬菜，天天有水果。特殊时期可优先选择容易购买、耐储存的深色蔬菜和可削皮的水果。此外，大豆类食物是重要的植物蛋白来源，非发酵豆制品，如干豆腐、冻豆腐等冷冻豆制品适合储备和后续的加工，可适量储备。

3. 肉及水产类——优蛋白低脂肪

蛋白质是构成人体组织细胞的主要材料，参与组成抗体，有助于增强机体抵抗力。食物的供给与维持机体免疫系统的正常工作密切相关，因此，优质蛋白质类食物要充足。蛋白质类食物的选择以豆类、奶类、肉类和水产类为主。

市售的肉类包括畜肉和禽肉。肥瘦比例不同的肉类中蛋白质和脂肪含量差别很大，内脏中蛋白质、维生素、矿物质和胆固醇含量较高，脂肪含量相对较少。畜类脂肪含量一般较多，能量高，但瘦肉脂肪含量较低，铁含量高且利用率好。禽类脂肪含量较低，且不饱和脂肪酸含量较高，其脂肪酸组成也优于畜肉。水产类包括鱼、虾、蟹、贝等，所含蛋白质具有较高的利用率，同时富含不饱和脂肪酸，并且比畜、禽肉更易消化。因此，你可以选择瘦猪肉、羊肉、牛肉、鸡肉、鸭肉、鱼、

虾等。特殊时期，可优先考虑冷冻质品。不建议过多食用烟熏、腊制类鱼、肉制品。必要时，可适量选用高温灭菌包装(软、硬罐头)的卤煮肉制品、鱼制品，或少量选用肉松、鱼松等。少买油炸的鱼、肉制品。坚决杜绝食用野生动物。

4. 蛋奶类——优质量多

蛋类营养丰富、食用便利。市售的食用蛋类包括鸡蛋、鸭蛋、鹅蛋、鹌鹑蛋等，各种蛋的结构和营养价值基本相似，均可选择，采购量以供两周食用为宜。

乳制品是四大优质蛋白质来源之一，还可提供维生素 B_2、维生素 A、钙等多种人体必需的营养素，而且其营养素吸收利用率较高，有利于增强人体免疫力，所以防疫期间要保证家人每天乳制品的摄入量。灭菌包装液体牛奶可以较长时间保存，在营养上与普通鲜牛奶也没有明显差别，可以适当采购和储存。此外，奶酪、奶粉等也是适宜保存的重要乳制品。提醒你应该注意的是，真正的奶及奶制品在其成分表上，生牛乳的占比和排名应该都是第一位的，千万不要错拿高糖低蛋白质的乳饮料。

5. 坚果类——优质少量

坚果类食物富含蛋白质和部分微量营养素，营养价值较高，耐储存，是广受欢迎的食物，可适量储备，如葵花籽、花生、核桃、松子、开心果等。值得注意的是，因其脂肪含量高，是高能量食物，作为平衡膳食的构成，是推荐每日适量(每天 15 克)食用的食物。

6. 饮品类——健康低糖

饮料一般可分为含酒精饮料和无酒精饮料，防疫期间，建议慎用含酒精饮料。无酒精饮料又称软饮料，包括茶类饮料、乳饮料、果蔬汁饮料、碳酸类饮料、咖啡类饮料等。首先建议你购买茶叶等可自制饮品的原材料，自制健康饮料。当你采购市售饮料时，一定要选择以食源性原料加工，且无增稠剂、防腐剂，营养均衡的饮品。特别需要提醒的是，市售饮料中大都含有大量的糖，多喝含糖饮料会危及健康，所以不建议大量储备。

二、科学烹饪——安全卫生，营养均衡

“宅家”期间，确保家人饮食健康合理的重任落到了“掌勺人”的身上。饭菜的适口性是膳食调配的重要原则，只有适口才能引起食欲，才能吃进营养丰富的食物，才有可能收到预期的营养效能。在疫情的压力下，如何确保家人的营养均衡呢？我们的建议如下。

1. 注意饮食安全卫生

战“疫”期间，食品卫生安全最重要。食材加工前，一定要查看生产日期和保质期，避免食用过期食物。优先食用不宜存放的叶菜类蔬菜，避免腐烂变质。食物储存应生熟分隔开，果蔬鱼肉分隔开，肉类密封保存，蛋类单独储存。冰箱定期清理、消毒。

为了降低感染风险，食材加工时，做好生熟分开，加工和盛放生的肉、水产品和蔬菜的砧板、刀具、盆、盘、碗等器具要与熟食的分开并及时清洗消毒。处理生熟食物之间要洗手，避免食物间的交叉污染。减少生冷食物及凉拌菜的制作。蔬菜、肉类等需洗净后彻底煮熟食用。无法去皮的水果，食用前需反复流水冲洗。购买的非高温灭菌包装（软、硬罐头）的散装卤煮肉制品，建议高温加热后再食用。

2. 注意三餐合理搭配

合理安排一日三餐，其中早餐要营养，至少应包括 4~5 种食物；午餐要丰富，至少应包括 5~6 种食物；晚餐要易消化，至少应包括 4~5 种食物。每一餐都应有主食和副食，主食做到粗细搭配，副食应兼有动物性食物和植物性食物，并注意干稀搭配。例如，早餐可把银耳、莲子、百合、芡实、薏米、山药煮成粥，有润肺作用，午餐可做二米饭，晚餐可做蒸红薯。饮食应清淡，少油少盐，少吃腌制、油炸及辛辣食品。加餐可优选新鲜水果类、奶类、原味坚果类和全谷物食物。为了营造良好的家庭氛围，可尝试自制健康（少糖、少油，天然食材）零食和点心。如果家人在此期间感觉压力大，可适当增加鱼、禽、肉、蛋、奶、大豆等含优质蛋白质的食物，多吃深绿色、橙黄色、紫红色等深色蔬菜水果，保证充足的维生素和矿物质。如果食欲不好，可将食物做得更软烂，比如鸡蛋做成鸡蛋羹、瘦肉做成肉末等。

3. 注意营养素合理搭配

三餐中应首先确保糖、脂类（不饱和脂肪酸为主）和优质蛋白质的供应。适宜的

膳食能量构成：来自碳水化合物（糖类）的能量为 55%~65%；来自脂肪的能量为 20%~30%；来自蛋白质的能量为 11%~15%。此外，缺乏维生素 A 容易造成呼吸道黏膜上皮细胞萎缩，纤毛数量减少，导致病菌侵入体内。维生素 C 能减少外界对人体细胞内平衡的干扰，促进抗体形成，维持正常免疫力。维生素 E 在人体内能够保护 T 淋巴细胞、红细胞，从而保护人体的免疫系统。锌是人体内 100 余种酶的组成成分，尤其对免疫系统的发育和正常免疫功能的维持有不可忽视的作用。缺铁可导致免疫细胞数量减少，进而影响抗体产生，导致免疫反应缺陷。硒几乎存在于所有免疫细胞中，补硒可明显提高机体免疫力。因此，可多为家人烹饪富含上述营养素的食物，如深色果蔬、动物肝脏、海产品、红肉（猪瘦肉、牛肉、羊肉），并在烹饪过程中，多采用蒸、煮，少煎、炸，尽量避免营养素的流失。烹饪用油，可在日常食用的调和油的基础上，适量增加富含优质脂肪 n-9 不饱和脂肪酸的植物油，比如橄榄油、茶籽油的摄入。不建议使用猪油。

三、健康择食——吃动平衡，规律进餐

资料来源：中国营养学会．中国居民膳食指南（2016）（漫画版）[M]. 北京：人民卫生出版社，2018.

面对“掌勺人”精心准备的丰盛三餐，每个家庭成员该如何实现自己餐盘中食物的合理搭配呢？你的餐盘，你做主，但建议你做如下考虑。

1. 保证食量适当，不偏食，不挑食

通常情况下，成年人平均每日进食量早餐不超过 400 克，午餐 500~800 克，晚餐 400~500 克。为确保营养素供应均衡，成年人每日需进食不少于 15 种的食物，其中谷类 250~400 克（至少包括全谷物和杂豆类 50~150 克，薯类 50~100 克），蔬菜 300~500 克（绿叶蔬菜占 1/2），水果 200~350 克，动物性食物 100~150 克。

疫情期间，应保证蛋白质、脂肪、碳水化合物、矿物质和维生素等营养素的充分供给，停止节食或低碳水化合物（糖类）饮食的减重计划，做到荤素搭配，谷豆混吃，蛋奶兼并，果蔬充足。选择零食应侧重低糖、低盐、低能量的天然食物。依据“吃动平衡”的原则，根据每天的能量消耗情况适当地增、减食物摄入量。

2. 保证优质蛋白质的充足，减少脂肪摄入

一般而言，来自动物的蛋白质含有丰富的必需氨基酸，且氨基酸的比例合适、容易吸收，属于优质蛋白，但过量摄入可能会有脂肪和胆固醇超标的风险。疫情期间，尽量保证每天摄入 1 个鸡蛋，300 克的奶与奶制品。奶制品中，应增加酸奶摄入比例，建议每日食用 100~200 克。酸奶中含有很多人体所需要的营养素，且易于被人体吸收，所含的肠道益生菌能够抑制有害菌对人体肠道的侵袭，缓解精神紧张或饮食不平衡等，提高人体抗病能力。

对于肥胖、有代谢问题、素食或孕妇等特殊人群，可以考虑在正常膳食的基础上，额外补充蛋白质粉，以保证蛋白质的充足。

3. 保证微量元素不缺乏，适时额外补充

一般情况下，膳食营养均衡就可以满足机体对维生素等微量元素的需要，但在防疫期间，新鲜食材缺乏、压力大等因素都有可能引起维生素、矿物质的缺乏。如果最近出现诸如睡眠不好、口腔溃疡、口角炎、牙龈出血、起倒刺、皮肤干燥等情况，说明膳食中微量营养素的摄入可能没有满足需求。此时，为维持机体健康状况并对病毒有一定的抵抗能力，在调整膳食结构的基础上，可以选择单一或复合营养素补充剂加以弥补。

补充维生素 D 可以降低儿童呼吸系统疾病的发病频率和严重程度，可以帮助孩子更好地预防疫情。我们可以从海鱼、蛋类、专业辅食或滴剂中获取维生素 D。

4. 保证水分充足，少酒少糖

水是生命之源，具有重要的代谢调节作用。多喝水可以促进体内代谢产物排出体外，还能让人感觉清新，充满活力，同时能使鼻腔和口腔内的黏膜保持湿润，有效提高机体免疫力。因此，建议成年人每天饮水 1500~2000 毫升，且尽量选择饮用白开水和茶水，少量多次。研究证明，茶叶中的茶多酚、茶氨酸、儿茶素等化学物质能够调动人体的免疫细胞去抵御细菌、真菌和病毒，可以有效抵御流感等呼吸道病毒。此外，蜂蜜水、姜水、柠檬水也有助于提高免疫力，可常喝。

乳饮料和纯果汁饮料含有一定的营养素和有益膳食成分，可适量饮用。但果汁不能替代水果。市售的多数饮料都含糖，大量饮用会在不经意间摄入过多能量，是诱发“宅肥”的最大隐患，因此建议尽量不喝或少喝含糖饮料。

成年人如饮酒，一天饮酒量建议男性不超过 25 克，女性不超过 15 克。孕妇、儿童及青少年忌饮酒。

四、严格分餐——家庭防疫第一关

从公共卫生角度讲，家庭分餐制是防止“病从口入”的一种有效手段。从营养角度讲，分餐制可量化每个人的进食量，有助于体重控制，同时有利于减少浪费。因此，这个特殊时期是动员全家执行分餐制的好“时机”，不容错过！

如何严格执行家庭分餐制呢？

1. 分配个人餐具

首先，每个家庭成员都要有确定的自用餐盘、餐碗和筷子。每个人的餐具可做好明显的标记，以便识别。其次，如果条件允许的话，还可以按照每个家庭成员的个性化需求来确定餐具，以提高大家参与分餐制的积极性。

2. 配备公共餐具

家庭餐桌上应在每个菜碟中放公用筷子或匙子，以便于大家使用公用餐具分取菜肴，再用各自餐具进食。

3. 全家动员

实施分餐制需要进行碗筷的单独清洁、保管、分菜等，确实要增加一些工作量，因此需要家庭成员的密切配合。建议发动全家老、中、幼分别承担清洁员、保管员、分菜员、监督员等任务，不仅有助于分餐制的落实，还有利于促进“宅家”凝聚力。

4. 循序渐进

分餐制的实施是对多年来形成的家庭日常进餐习惯的挑战，因此，家庭成员间要有耐心，循序渐进。

营养是预防、治疗和康复疾病的重要手段，对新型冠状病毒肺炎的预防、治疗和康复来说更是如此。让我们一起合理采买，科学烹饪、健康择食、严格分餐；从我做起，“吃好”每一顿饭，打赢“宅家”健康战“疫”。

③ 心理调适建议

北体名师小讲堂

北体名师

郭璐

北京体育大学教授，博士，长期从事锻炼心理效益、锻炼行为促进等领域的研究，主持及参与科研项目 20 余项，发表学术论文 40 余篇，多次开设有关运动与心理健康的科普讲座。

新型冠状病毒肺炎不仅给人民生命财产和国家社会正常运转造成了巨大的威胁和损失，更给人们的心理造成了巨大的冲击，大多数民众出现了不同程度的应激反应。在这一特殊时期，做好自我心理调适至关重要。本节首先介绍了应激反应，而后从认知调节、行为调节、环境调节和居家健身几个方面，提供多种简单易行的自我调适方案。

防疫主张：长风破浪会有时，
直挂云帆济沧海。

突如其来的新型冠状病毒肺炎疫情，改变了大多数人的生活节奏。除了冲在抗疫情前线的工作人员，大多数人的春节假期被拉长，不能复工，不能复学，不能社交，家中办公，家中上课……生活空间明显缩小，“宅”几乎成了大多数人不得不接受的生活工作方式。

随着疫情的进展，生活方式的改变，人们也开始出现各种各样的反应，担忧、无助、失控、坐立不安、心烦意乱等，这些反应统称为应激反应。

中国科学院心理研究所人格与社会心理研究中心进行了非常时期的专项调查（数据收集时间为 1 月 31 日—2 月 12 日），结果显示，面对疫情这一应激事件，即使仍处于阖家团圆的春节假期，各地民众均表现出一定程度的负性情绪，在各种不同的负性情绪中，担忧最为明显。

另一项调查也在 2 月 14—17 日进行，收集了民众在描述自己状态时想到的 5 个词。对列出的词频进行分析，发现排在前 10 位的词中，只有两个词是正性的，分别是“平静”“快乐”，另外的 8 个词均代表了消极的状态，如“无聊”“担忧”“焦虑”“郁闷”等；其中，伴随着不能出门的“宅”的状态，无聊感在很多人的心中滋生和蔓延。“无聊”是民众最为突出的状态（比例为 35.7%），同时，“焦虑”“担忧”分别排在第二位和第三位。

有效心理调适的关键在于恰当理解并积极疏导自己的应激反应。应激是我们生活中广泛存在的一种现象，如失业、亲人离世、失恋等，都可以导致应激。应激通常伴随着生理（躯体）、认知、情绪和行为方面的变化，也就是应激反应。

应激反应

躯体反应：睡眠质量下降、头疼、乏力、心慌、坐立不安等。

认知反应：感觉到处都是病毒，脑海里出现自己或亲人生病的画面等。

情绪反应：担忧、恐惧、愤怒、无力、无助、无聊、易激惹等。

行为变化：过度关注疫情信息，囤积口罩、酒精、消毒水，哄抢双黄连，反复消毒，尝试偏方等。

下面将从认知调节、行为调节、环境调节三个方面介绍简易可行的自我调适方案。

一、认知调节

1. 接纳现状——与情绪友好相处

面对自己出现的这些反应和变化，可以温和而坚定地告诉自己：这些反应是伴随着疫情发生、进展、肆虐而产生的自然、正常的反应。我们可以用开放和包容的态度正视它，无须逃避。只有接受了这些反应，我们才能意识到“好或不好”“对或不对”，为后续的调适奠定基础。

2. 认知重评——寻找事件的积极意义

认知重评是情绪调节的一种策略，影响个体体验到的情绪类型和强度。具体地说，就是个体有意识地对事件的意义进行选择性的解释，或者说挖掘消极事件的积极意义，达到减少消极情绪（焦虑、抑郁）的目的，同时也可以激发人的积极情感，如生活满意感等。

我们可以这么想

终于有时间陪伴家人了。

我待在家里，是对别人负责，是为社会做贡献。

可以有一段独处、与自己内心对话的时间。

我可以重新思考人生的目标和规划了。

……

观看视频——《快乐的源泉》

在这段时长17分钟的视频（读者可从“网易公开课”中搜索相应内容）中，保罗·布鲁姆（Paul Bloom）为我们讲解了为什么我们喜欢真迹不喜欢仿画？为什么贵的酒会更好喝？为什么我们会更喜欢麦当劳里的薯条而不是家里做的薯条？

保罗·布鲁姆指出，我们的快乐和痛苦不是来源于事物本身，而是我们对于事物的认知和赋予它的意义。

“宅在家里什么都做不了，简直是浪费生命。”如果这样解释“宅”，那么，随之而来的就更可能是焦虑、悲伤等，但如果试着改变想法，重新评估“宅”的积极意义，则可能感受到全然不同的情绪。

张文宏教授说：“你闷在家里，觉得很闷，但病毒也给闷死了”，“每一位都是战士，你在家不是隔离，你在家是战斗啊”。这些都是典型的认知重评，你也试着找找“宅”的积极意义吧。

3. 保持适度乐观

新型冠状病毒肺炎传播快，防不胜防，每天什么都做不下去，不停地洗手，反复地消毒，惶惶不可终日。事实上，在做好必要防护的前提下，保持适度的乐观更有利于身心健康。

根据中国科学院心理研究所进行的专项调查，民众认为自己、亲人和朋友感染新型冠状病毒肺炎的可能性为 10%~20%，评估的患病可能性远远高于事实。想法是指假设、描述、观点甚至是猜测等，它们可被证实或证伪，我们要学会区分哪些是自己的想法，哪些是事实，这对于保持乐观心态至关重要。

4. 保持有限同情

很多人不仅经历了此次疫情，也同样经历过 2003 年的非典疫情，自觉不自觉地会将两次疫情进行对比。两者的差异之一，就是随着互联网的发展，信息更流通、更透明。消息的流通，是社会的进步，但是，消息爆炸式流通，特别是社交媒体上带有情绪的、个人化的消息，同样会使人产生相当大的心理负担。加之无能为力的感觉更是进一步放大了焦虑。

“云监工”“云养娃”，隔两分钟就拿出手机来看一看微信、微博、各种新闻客户端轮番关注，越看越气馁，越看越沮丧，越看越焦虑，坐立难安，难以集中精力做事，这说明你已经趋于过载了，过多的信息已经压得你喘不过气。事实上，在关心疫情的同时，也要体察自己的情绪和心理状态。

如果觉得自己看不了那么多东西、处理不了那么多信息，但又不想什么都不做，那么可以：（1）只看几个你信任的信息源，每天只在几个固定的时间段，看相关的消息，不要“刷”消息；（2）与身边的人讨论可行的方案，比如如何减少出门的次数，用行动减少无力感；（3）帮助身边的人，比如提醒父母、家人戴口罩、消毒等。

5. 规划人生目标

不知道何时能够复工，担心今年是否能够按时完成业绩，担心毕业、深造、就业等是否会受到影响，为此忧心忡忡，也是常见的应激反应。

此时，不妨重新审视自己的目标，及时根据实际情况调整目标。在调整目标或坚持既定目标的基础上，还可以进一步列出为了实现目标，哪些是当前可以控制、可以着手去做的，为这些可控制的事情列出具体的计划。

二、行为调节

1. 规律作息，常态化生活

疫情打破了平素的生活规律，应激使你陷入无休止的负面情绪。保持作息规律，保持平时的生活节奏，不仅能够提高免疫力，也可以有效地减少负面情绪。因此，宅在家里，最好能够按时起床、吃饭……如果已经在家中办公，建议换下睡衣，穿上平时工作时的服装，用一个“仪式”让自己进入工作状态。

2. 做平时无暇做的事情

“忙，没时间做，等我有时间了，我就……”这是我们平素的口头语。相较于平时，“宅”在家其实拥有了更充裕和更大段的时间，而这段时间正好可以用来做一些你想做却无暇做的事情，例如，静下心来读一本书、学习英语、提升专业技能……

培养新的兴趣爱好、学习新的知识技能、形成新的生活方式，都能够从外部层面改变内心的无聊感。可以充分利用宅的时间去做一件新的事情，掌握一项新的技能，例如学习画画、烘焙、书法，甚至是提高厨艺等，既可以充实自己，又能够减少消极情绪。

和书籍生活在一起，永远不会叹息。

——罗曼·罗兰（Romain Rolland）

3. 降低唤醒水平，尝试调节压力的练习

深呼吸、放松练习、听轻音乐、冥想等都能够有效地降低神经系统的活跃程度，从而减轻担忧、恐惧等消极情绪，有利于重新回到平静的心态。此外，一些练习也有助于调节压力。

4. 列出愿望清单——保持希望感

希望感是一种积极情绪，具有动力性质。在电影《流浪地球》中，当男主角刘启意识到点燃木星是拯救地球的唯一希望时，女主角韩朵朵通过全球通信广播向已经返回的救援队伍说出了这句话："希望，是我们这个年代像钻石一样珍贵的东西；希望，是我们回家的方向。"

调节压力练习——自我安抚的"蝴蝶拥抱"

第一步：两手交叉放在胸前，中指指尖放在对侧锁骨下方，指向锁骨的方向。你可以闭上眼睛，或者半合上眼睛。

第二步：将你的手想象成蝴蝶的翅膀，像蝴蝶扇动翅膀一样，缓慢地、有节奏地交替摆动你的手，例如先左手，后右手。

第三步：缓慢地深呼吸，留意你的思想和身体感受。在这一刻，你在想什么？你在脑海中有什么样的景象？你听到了什么声音，闻到了什么样的气味？

第四步：观察你的想法、感受，不去评判它们。把这些想法看作天上的云彩，一朵云彩来了又去，我们只需要静静地目送，不去评价它的好坏。

重复做 6~8 次"蝴蝶拥抱"，当你觉得身心平静下来后，放下手。

疫情期间，较之平时，生活变得单调乏味，甚至感到对未来无望。此时，可以列出一份愿望清单，想想自己在疫情结束之后都有哪些想做的事情，哪些事情比较容易实现，哪些事情需要克服障碍才能实现，以保持对未来的希望感。

希望本身就是一种幸福，并且也许，是这个世界所能提供的最大的幸福。

——塞缪尔·约翰逊（Samuel Johnson）

5. 向他人表达和分享情绪

情绪的自我表达能帮助自己对情绪的自我觉知，是有效的情绪调节策略。除了可以通过记日记、手账等形式进行情绪的自我表达，也可以与重要的人分享或表达自己的情绪，达到疏解情绪的作用。

快乐与人分享，会变成两份快乐；痛苦有人分担，就只剩下一半。

三、环境调节

身处杂乱无章的环境，本身就会增加消极情绪。因此，与其“瘫”在沙发上，无聊到抓狂，不如动手为自己创造一个整洁干净、温馨舒适的生活环境。

具体来说，可以从以下几个方面入手：

（1）打扫居室卫生。

（2）整理物品，对不需要的物品断舍离。

（3）用绿植、装饰物、精油等打造舒适的家居环境。

（4）将宜人的自然环境图片作为家中的背景。

调适方法

挑选喜爱的自然环境图片制作成集，搭配轻音乐或是鸟鸣和河流的自然声音，边播放音乐边欣赏图片，持续时长 7 分钟。

四、居家健身

运动是良医，规律的身体活动不仅能够有效地提高身体健康水平，降低患慢性疾病的风险，也能够减缓应激，改善消极情绪体验，延缓认知功能衰退，提升自尊，预防心理障碍的发生，改善生活质量。

具体而言，运动能够有效地缓解焦虑和抑郁；缓解应激症状，并作为缓冲机制，减少应激对心理健康的损害；提高红细胞的运氧能力，有效提升精力感。此外，运动也是改善睡眠质量的有效途径之一。

虽然在疫情期间，没有机会到健身房运动，但是居家健身仍然可以起到缓解应激、改善情绪状态的作用。

要想达到强心效果，居家健身需要注意以下几点：

（1）以中等强度为宜，过低的运动强度难以达到健心效果。运动时可以利用心率粗略地监测自己的运动强度，心率保持在每分钟 120 次左右，或者保持在最高心率的 60%~70%（最高心率为 220−年龄）。

（2）每天运动时间在 30 分钟以上为宜，可以分散运动，但每次运动时间不要低于 10 分钟。

（3）有氧运动和力量练习结合，效果会更好。例如，可以将功率自行车、平板支撑、俯卧撑结合，健心效果更好。

（4）从自己感兴趣的健身项目开始，制订居家健身计划。

（5）善用正强化。可以在居家健身计划完成时，满足自己的小愿望，或者给自己奖励，以便更好地坚持居家健身。

相比于中青年人，老年人因为身体素质的限制，疫情期间也可以采用太极拳、八段锦、居家慢走等方式锻炼。

2020 年 2 月 23 日，本篇写就之时，全国确诊新型冠状病毒肺炎病例逾 7.7 万例，然而，令人欣慰的是，若干省也出现了“归零”。我们有理由相信，严冬即将过去，春天正向我们走来。

待到上林花似锦，出门俱是看花人。

——杨巨源

④ 适当运动增强免疫力

北体名师小讲堂

北体名师

王正珍

北京体育大学教授，博士，博士生导师，美国运动医学会会员，中华医学会运动医疗专业委员会委员，中国体育科学学会运动医学分会委员，中国营养学会运动营养分会副主委，北京市健康教育协会科学健身专业委员会主委。

在新型冠状病毒感染流行的情况下，人们都在关心怎样提高自身的免疫能力，从而减少新型冠状病毒感染的风险，这里主要谈一下适当运动与增强免疫力之间的关系，使大家对运动能否提高人体抵抗新型冠状病毒感染有一些认识。

防疫主张：运动是良医。

一、人体的免疫系统——非特异性免疫与特异性免疫功能

什么是免疫力，简单地说就是人体抵抗细菌、病毒等病原微生物入侵的综合能力。人体免疫系统可以分为非特异性免疫和特异性免疫两个部分。

1. 非特异性免疫系统

非特异性免疫系统包括屏障（呼吸道黏膜等）、细胞（淋巴细胞、中性粒细胞、吞噬细胞等）、黏液及黏膜表面的免疫球蛋白 A、人体的补体系统等。人体的非特异性免疫功能虽然不能针对某一种新的病原体，但是构成了抵御病毒入侵的第一道防线。简而言之，它们都是“免疫卫士”。

皮肤的结构特征，使得病原体不容易进入完整的皮肤。病毒仅能从呼吸道、眼睛黏膜进入，但会遭遇黏液（咳嗽清除）、白细胞的吞噬等抵御。黏膜免疫的主要抗体存在于分泌液中，如唾液、泪液、初乳、鼻和支气管分泌液、胃肠液、尿液、汗液等，担负着重要的免疫功能，被认为是黏膜表面的免疫屏障，它能有效地抑制病原体黏附或侵入黏膜表面。这种免疫排除作用能保护黏膜屏障的完整性，并阻断病原体对机体的感染。

2. 特异性免疫系统

有针对性的免疫功能是人体的特异性免疫功能，当人体接触到某种病原体以后才可能产生特异性免疫功能。某些淋巴细胞是抗病毒的主力军和核心力量。然而，针对病毒产生抗体，以及病毒特异性淋巴细胞大量产生的条件是复杂的，不同人之间存在很大的差异，这也就是免疫力高低的区分了。

3. 非特异性与特异性免疫系统的关系

正常情况下，非特异性免疫是特异性免疫的基础，非特异性免疫系统与特异性免疫系统协同合作为机体提供全方位的免疫功能。非特异性免疫和特异性免疫系统常以协调的方式相互作用和重叠，从而逃避或破坏病原体、被病毒感染的细胞和肿瘤细胞，并维持机体的健康。

非特异性免疫与特异性免疫

	非特异性免疫	特异性免疫
来源	遗传而来，先天性免疫，人人具有	后天性免疫，并非人人具有
结构基础	第一道防线、第二道防线	第三道防线
作用对象	对多种病原体都有防御作用	对某一特定抗原起作用
特点	无特异性、作用弱、时间短	特异性、作用强、时间长
两者联系	特异性免疫起主要作用，是在非特异性免疫基础上形成的；两者共同负担着身体的防御任务	

一个人的非特异性免疫力强，似乎是拥有了“机枪和大量子弹”的“机枪手”，可以对不同的病原体进行“扫射”。但是我们面对一个新的病原体，如新型冠状病毒，机体不认识它，加上它的传染性很强，几乎人人都成了易感者，人体针对这种新的病原体产生的免疫力就是所谓的特异性免疫力。一旦有了这种特异性免疫力，就等于获得了针对这种病毒的“导弹”或者“狙击手”，可以定点打击，消灭病毒。

4. 人体免疫系统中有很多需要解决的问题

人体的免疫系统是一个复杂的系统，是一把“双刃剑”。免疫系统的反应与年龄、性别、基因和个人的健康状况、体力活动水平等因素有关，因此免疫系统与病原体“搏斗”的结果也有所不同。如果进入体内的病原体过多，导致身体免疫反应没有得到及时阻止病原体的机会，或者免疫反应发生迟缓，人体免疫系统无法控制病原体，就可能导致病原体在体内大量复制，引起机体的进一步损伤；如果病原体数量人，造成的损伤过重，免疫反应又很剧烈，更多的免疫细胞出现，形成激烈的斗争态势，反而对人体造成伤害。例如，在免疫反应过程中，炎症细胞因子（它们在造血、血管生成、伤口愈合和新陈代谢中发挥积极作用）适量释放，有助于机体战胜病原体，缩短病程，然而，如果炎症细胞因子释放过多，形成不可控制的“洪水瀑布”时，就可能损伤自身组织器官。

二、适当运动增强人体免疫力的表现形式

规律运动的人可以有效提升人体的非特异性免疫力，这是一个不争的事实，可以具体表现在以下方面：（1）增加血液中白细胞的数量，（2）增加白细胞的活性，（3）增加白细胞的功能，（4）诱导细胞因子的产生。

规律的运动除了能够使人获得相对稳定的免疫功能以外，还可以缓解精神压力，有助于营养物质的消化、吸收和利用，改善睡眠质量，从而可以获得综合性的健康收益。因此，宅在家里的人要保持良好的运动习惯。

三、不同体力活动水平对呼吸道感染风险的影响

不是所有的运动都能增强人体免疫能力。大卫·尼曼（David Nieman）博士提出，免疫功能会随着运动强度与运动量而有所改变，而这会使得人们发生呼吸道感染的风险呈“J”形曲线变化。

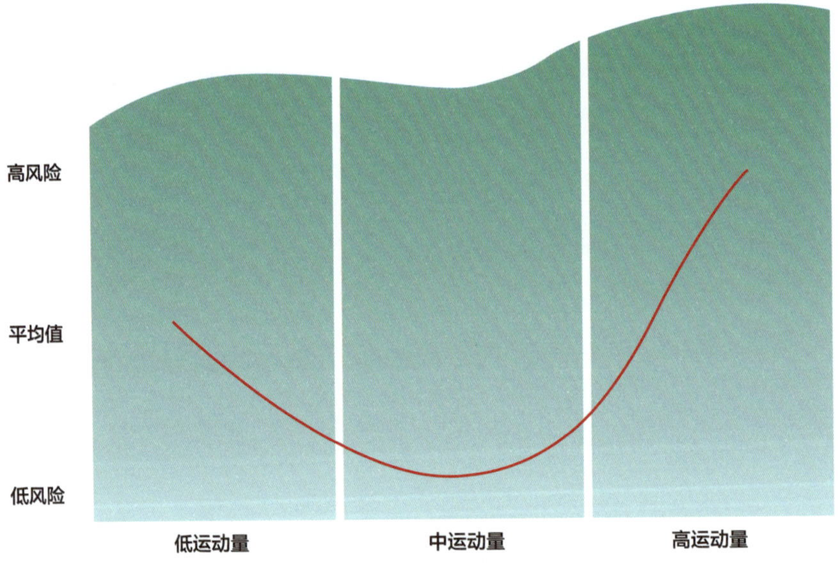

运动量和运动强度与上呼吸道感染的“J”形曲线关系

资料来源：Nieman D C. Exercise and resistance to infection [J]. Canadian Journal of Physiology & Pharmacology, 1998, 76(5):573.

1. 适当运动可以降低呼吸道感染的风险

研究显示，从事规律运动的人，上呼吸道感染发生率较低。规律运动会降低18%~67%的上呼吸道感染风险，通过多种形式的有氧运动都能达到抵抗感染的目的，如快走、慢跑、太极拳、导引养生功、八段锦、自行车、游泳、球类比赛、有氧操等。一般来说，每天进行20~40分钟中等强度的运动（即40%~60%储备心率，能说话，不能唱歌），已经足够让免疫系统产生有益于健康的影响，而且每个年龄段都可以通过

运动来降低上呼吸道感染的风险。力量练习也可以增强人体的免疫力，但是这方面的研究相对少一些。总之，规律运动的人对一般感染性疾病的抵御能力比静坐少动的人强。

2. 剧烈运动会短暂地抑制免疫系统

越来越多的证据表明，在剧烈运动后的几个小时内，免疫系统的某些成分均显示出抑制的功能。长时间（＞90 分钟）的剧烈运动会短暂地抑制免疫系统。同时，运动强度不大，但是运动时间过长，也就是说运动量过大，也会造成机体免疫力暂时受到抑制。

剧烈运动或长时间运动造成免疫力下降的现象维持的时间并不长，数小时（3~20 小时）后则可恢复到运动前水平。因此，剧烈运动并不会造成人体免疫力长期下降的状态。

3. 静坐少动者呼吸道感染的概率高于适当运动者

宅在家里不运动者不仅抵抗呼吸道感染的能力下降，而且多种慢性疾病的发生风险上升。研究表明，每周运动的天数和静坐少动习惯对心肌梗死发病风险的影响相差几十倍到上百倍。

4. 运动习惯对免疫力的影响

单次运动就能够提升免疫功能。人们开始运动几分钟，分子水平和细胞水平即可出现良好的变化，但是维持的时间相对较短（3 小时左右恢复到运动前水平）。但是每次运动都能短时间内提高免疫功能以对抗病原体，这将降低感染的风险。

规律运动可以全面调动人体的免疫力，并可以在较长时间内维持良好的免疫状态。规律运动是指每周有 150~300 分钟中等强度的有氧运动，或者 75~150 分钟较大强度的有氧运动；每周 2~3 次抗阻练习。除此以外，应增加生活中的体力活动，如步行、骑车、上楼梯、购物、家务劳动等，这些活动也能提升一个人的健康水平，但是不能代替规律运动；还应该改变静坐少动的生活习惯，每坐 1 个小时进行 1~5 分钟的轻体力活动，如站立、慢速走动等。

四、如何预防新型冠状病毒感染——运动是良医

传染病能够传播有三个必需环节，即传染源、传播途径和易感人群。这三个环节中任意一个被阻断就可以遏制传染病的流行。国家不惜一切代价采取应收尽收、应治尽治、控制源头等举措，坚决遏制疫情扩散蔓延势头就是控制传染源，避免与病人或病毒携带者接触。居家生活、少去人群密集的地方、在公共场所戴口罩、回家就洗手，这些都是阻断传播途径的有效手段。

面对新型冠状病毒，几乎每一个人都是易感人群，老年人和有基础疾病的人群是更加敏感的易感人群。因此，这些人群更要加强防护，控制好已有的慢性疾病，按时服药，坚持运动，合理营养，保持良好的免疫状态，降低新型冠状病毒感染的风险以及感染后的死亡风险。

5 家庭关系促进

北体名师小讲堂

北体名师

张凯

北京体育大学教授，中国学校体育联盟（教学改革）理事，国家队、省级运动队心理服务科技人员，为北京“红枫妇女热线”提供 8 年志愿服务，多次为中小学校进行青少年心理和家庭教育专题讲座。

2020 年元月，这个原本属于中国人最快乐、最幸福、最祥和的日子，却被肉眼都看不到的小小病毒彻底改变了。原属于春节的阖家团聚、走亲访友，变成了闭门谢客、足不出户。一场突如其来的疫情，考验着国家的经济实力，考验着政府的应急体系，考验着官员的执政能力，考验着医生的仁心医术。同时，也让我们思考：

疫情带给千千万万个中国家庭怎样的考验与机会？

疫情给本来就有一本难念经的家庭带来了哪些新矛盾？

疫情为什么成为早已潜伏的家庭问题的放大镜？

我们又该如何在疫情期间促进而非破坏家庭关系？

防疫主张：用爱与智慧筑起家的防护！

一、疫情给家庭关系带来了哪些新矛盾

家庭关系是指家庭成员的人际关系，其多样性与家庭关系规模相关。核心家庭是指夫妻关系、亲子关系、同辈关系，直系家庭关系是在核心家庭基础上加上婆媳关系、翁婿关系、祖孙关系，联合家庭关系会再加上妯娌关系、姑嫂关系、叔嫂关系。在今天，中国家庭日益小型化，城市中早已难见联合家庭。因此，疫情带来的家庭矛盾也多是发生在亲子关系和伴侣亲密关系上。

（一）亲子关系

直系家庭是祖孙三代，有两对亲子关系，即青少年子女与中年父母，中年子女与老年父母。疫情期间的亲子冲突就从这两对关系开始说起。

1. 青少年子女与中年父母

父母的烦恼：延迟开学了，爸妈崩溃了；孩子玩儿疯了，我快发疯了！

孩子的吐槽：假期延长了，我被监管了；在家上课了，我没自由了！

问题情境 1

不辅导功课那可真是“母慈子孝”，一开始学习那就是“鸡飞狗跳”！疫情之前每天只有晚上能看到“鸡飞狗跳”，现在是随时都能看到“鸡在飞来狗在跳”。“神兽”在家上网课、做作业，“监工”已经快气出“内伤”啦！

问题情境 2

原本自己白天上学，晚上写作业，爸妈白天上班，晚上看电视，一天下来和爸妈说不上两句话，大家也觉得很正常。可是这几天在家里的时间多了，发现老妈三天两头往自己房间里蹿，一会儿鼓捣一下柜子，一会儿弄一弄床铺，一会儿进来拖地，一会儿叫我休息眼睛，烦死了！

问题情境 3

平时自己功课忙，没时间帮忙做家务，总被老妈批评没有眼力见儿。终于有个超长假期，自己热情洋溢地做饭、烘焙，却遭到爸妈冷眼嘲讽，各种瞧不上。做也不对，不做也不对，唉，你们到底让我怎么样？！

2. 中年子女与老年父母

父母的烦恼：早点睡！早点睡！早点睡！怎么这么不听劝！

子女的吐槽：戴口罩！戴口罩！戴口罩！为啥就是不听话！

问题情境 1

疫情不能上班，作息乱套啦！晚上不睡觉，早晨不起床。我们年纪大了习惯早睡早起，这下可好，晚上他们叮叮咣咣地看电视、训孩子，白天一觉睡到日上三竿，起来就吃。原来我们老两口只负责做晚上一顿饭，现在是一天三顿外加夜宵。

问题情境 2

家里有老人就没办法管教孩子！刚教育他两句，姥爷就冲过来护着外孙，和我干仗，姥姥旁边帮腔揭我当年老底儿。儿子一看姥姥、姥爷站在自己立场，立刻趾高气扬、理直气壮、又哭又闹。这孩子还怎么管？！

问题情境 3

爸妈特别固执，一遍一遍地和他们说别出门、别出门，还是满不在乎地随处逛。一遍一遍地恳求戴口罩、戴口罩，可他们就是不听。真快要把我急死了！

（二）夫妻关系

夫妻是家庭关系的核心，也是家庭其他关系的纽带与关键。许多家庭矛盾貌似发生在亲子之间、婆媳之间、翁婿之间，但真正的原因实际上是夫妻关系没有处理好。新型冠状病毒肺炎疫情，不仅考验着个人自身的免疫力，同样也考验着婚姻中的亲密关系。

妻子的烦恼：以前是“丧偶”式教育，现在变“诈尸”型家教了，家里没他更省心！

丈夫的吐槽：过去嫌我整天不着家，这会儿又说我多余，还想让我怎么着！

问题情境 1

我就是受着这样的一个夹板气。老人观念比较死板守旧，跟爸妈说出门必须戴口罩，他们却说哪有那么严重。不让他们出去，死活不听，还不能跟他们急。老婆生气就冲我发火：“他们不防护，不想活，我和闺女还想活呢。你是要你爸妈还是要我们母女？”

问题情境 2

居家隔离一个多月了，两个人同居一室，每天说不上几句话，把我当成空气一样。除了低头看手机就是玩儿电脑、打游戏，做饭只做自己的，也不问我想吃什么、吃了没有。和我没话说，却抱着手机和别人聊得哈哈笑。这日子还能过下去吗?

问题情境 3

老公自告奋勇去超市买菜，我这感动得快要热泪盈眶了。谁料买个菜能打回来八百个电话！“黄瓜买大的还是买小的”“茄子是圆的还是长的”“酸奶要桶装的还是盒装的”“五花肉和后臀尖有什么区别”……我一次次崩溃！还能指望他干点儿啥?

二、疫情给家庭关系带来的是危险还是机会

疫情之前，经常听到人们各种抱怨：“生活节奏太快啦，都没有时间好好陪陪父母啦”“每周末都在出差加班，太亏欠孩子了，等有时间了，一定好好补偿”。还能听到各种美好憧憬：“真想放个长假，哪也不去，就待在家里，静静地陪老婆看书、品茗、赏月”“等我放年假了，一定每天给你做饭，绝不再让你点外卖啦”……可为什么一场不期而遇的超长春假，却让那么多期待变成噩梦，为什么会说疫情成为家庭关系的“照妖镜”？

（一）疫情与恐

疫情期间家庭矛盾集中出现的首要原因是疫情引发的普遍焦虑甚至恐慌，长时间的精神紧张，人们会表现得敏感、多疑、易激惹、烦躁，而这种应激情绪状态又会将平时不会引发冲突的小矛盾瞬间放大数倍，从而导致冲突升级。心理学认为，焦虑的核心就是不确定性，即不知道会发生什么。当不确定性上升时，必然带来个体控制感下降和焦虑情绪上升。突然暴发的疫情正是因为带来太多的不确定性，才引发人们弥漫性的焦虑和恐慌。

“新型冠状病毒是从哪里来的，传播途径有哪些，到底会不会气溶胶传播? 没有治疗特效药，全凭个人免疫力，我的免疫力有多强? 疫情什么时候能结束，会不会一

直持续下去？”

“我今年高考，疫情会不会导致高考延期？今年是北京新高考政策落地之年，是实行高考改革的第一年。网上有帖子说出我们这届人的心声：‘我太难了，生于非典，考于肺炎。逢上高考改革，不能复读；听说高考推迟，寒假延长，补课计划乱掉；上网课，写文档作业。’”

“我这是新创业的公司，员工大多是湖北地区的。现在湖北的疫情这么严重，员工都无法按时复工，也招不到合适工人。开工，担心病毒传染；不开工，每天损失几十万元。”

心理学认为，当一件事情发生时，人是镇定自若还是紧张慌乱，并不取决于事件本身，而是取决于个体感觉到对该事件的控制程度，即控制感。例如，坐在飞快的汽车上，一定是坐车人比开车人更紧张，因为方向盘不在你手上，刹车不在你脚下。如果你手握方向盘，脚踩刹车，你一定是镇定自信的，因为一切尽在你的掌控之中。因此，降低焦虑的有效方法就是提高自己的控制感，操作方法是让自己关注可控因素，尽量忽视不可控因素。

1. 关注现在

发生了的事情已经无法改变，而未来取决于现在。射击比赛时运动员要“打一枪，甩一枪，枪枪从零开始”。因为打出去的一枪，那一环成绩就确定了，无法更改。你如果总在后悔上一枪没打好，就不可能集中精力在当下的这一枪，而后面的总成绩，是取决于你现在打出去的这一枪。不后悔过去，不忧思未来，关注当下在做的事情，才能平静而笃定。因此，疫情来临，别再后悔自己怎么没早点儿锻炼身体增强抵抗力，这样只能徒增焦虑和自责，不但没用，还会破坏情绪，降低免疫力。也别埋怨家人，“早就让你运动运动，就是不听，这会儿晚了吧”，类似的话不要说，否则除了加大彼此矛盾毫无益处。正确的做法应该是趁现在锻炼动机比较高，带领家人一起在家做运动，既保持体能，又增进家庭互动。家有考生的父母可以告诉孩子，未来考试的成绩，取决于你现在每一天的学习质量，与其担忧考试是否能如期进行，不如专注于现在每天复习计划完成的质量。

2. 关注过程

任何事情都不可能做到百分之百的可控，都会有哪怕是千分之一、万分之一的意外概率存在。目标定向分为结果定向和过程定向，即是关注结果还是关注过程。结果定向会干扰对最终结果起决定作用的先行事件的准备。如果总在担忧自己会不会被感染，便会提高紧张程度。而是否会被感染的结果其实更多取决于先行事件（如出门戴口罩、勤洗手、不随意外出、坚持锻炼、多吃水果、保证睡眠等）做得如何。人的认知资源是有限的，如果结果定向，总在担心未来，就会耗费认知资源，也就无法集中注意力将先行事件做好，就会影响最终结果。当我们把关注力放在影响结果的先行事件上，如做好个人防护、每天认真执行学习计划、高质量完成每天训练等，因为做事，所以内心踏实，也因为每一个过程都尽力完成，那么，即便结果不那么尽如人意，也会因竭尽全力而无怨无悔。

3. 关注自己

相比较自己而言，他人的可控性更低。你无法控制病毒是否存在，但可以控制自己多锻炼来增强免疫力；你无法控制周围是否出现确诊病例，但可以控制自己足不出户；你无法控制别人在朋友圈里说什么，但可以控制自己不去看什么；你无法控制别人怎么做，但可以控制自己如何为别人的行为进行归因。很多时候，归因改变了，你的心境就会不同。当家人发脾气时，如果你认为她就是在找你麻烦和你作对，就会越想越生气。但如果你想到她也是心理紧张、恐惧疾病，发火是因为她更软弱，也更信任你，是在你这里有安全感才会将最真实的一面展示出来，或许你就不会那么难受，反而会去安慰她这个弱者。

知识链接

心理学的归因偏差理论认为，对于同一行为，实施者与旁观者所作的归因是不同的。实施行为的人往往归因于情境，对自己的行为多强调外部原因，做外归因。而旁观者则更多归因于人格，强调是人自身的、内在的因素，做内归因。例如，同样是打碎一个盘子，如果是妈妈自己打碎的，她就会说是盘子太滑了没拿住；而如果是儿子打碎的，妈妈可能就唠叨“你就是这样马马虎虎、忙手忙脚的不踏实”。因此，我们在与家人交往时，要时刻提醒自己尽可能避免这种归因偏差，特别是当对方犯错的时候，要多去想想对方行为可能的情境因素而非人格因素。避免将“你就是这样一个人”“我早料到你会这样”的话语挂在嘴边。

（二）信息与乱

疫情时期，特别是暴发期间，各种信息扑面而来。每天打开手机，朋友圈里的新闻、图片、视频都是关于疫情的各种传言消息；打开电脑，门户网站头版都是各地确诊、疑似病例数据；打开电视，各个频道都是抗疫前线报道、疫情新闻发布会，看个电视剧，屏幕下方都是滚动播出的本地疫情通报。这些信息有真有假，有好有坏，有喜有悲，有善有恶。“每天早上一睁眼，先拿起手机刷疫情报告。看着增长的确诊数字，越看越害怕，可越害怕还越控制不住继续看。”估计大多数人都有过此类情景。

信息过载会带来焦虑与烦躁，负面信息更会让人丧失安全感。根据心理学家马斯洛的需要层次理论，安全感是人的基本需要，不仅是指要有稳定的居所，更是一种内心稳定、踏实、安宁、安全的状态。当身边出现疫情这样巨大的不安全因素时，人们的安全感得不到满足，更容易表现出敏感多疑、自我否定、恐惧害怕等心理。正是因为疫情所带来的安全感缺失，人们才会尝试去寻求，而寻求的对象首先会是我们最亲近的家人。可当求而不得的时候，家庭关系中的矛盾就产生了，此时我们应该怎么做呢?

1. 危机既是危险也是机会

疫情虽然带来了疾病的风险，但也给和谐家庭、改善关系带来了良机。人在恐慌之时格外需要安全感，也比平时更需要家庭和亲人。平常时期遇到心情不好或伤心难受之事，可以拉上好友一起逛街、一起吐槽，或是叫上酒友边喝边聊，情绪也就能宣泄出去，不需要家人更多的陪伴。然而疫情期间要求居家隔离，朋友不能见，饭局不能攒，隔着手机屏幕的遥远劝慰，抵不过身边人的微笑陪伴。因此，此时如果能够给予对方坚实的踏实感、安全的依靠感，比如，丈夫温和而坚定的“有我呢”，妈妈轻声而温柔的“我在呢”，会迅速拉近彼此的心理距离。

2. 世界上最遥远的距离莫过于心与心之间的冷漠

疫情导致家人之间相处的时间增长了，空间压缩了，这正是拉近彼此距离的好时机。人与人之间的亲密关系首先是物理空间和肢体之间的亲密，一个抚摸、一个拥抱、一个拉手，这些简单的肢体动作往往胜过复杂的万语千言。在疫情面前，孩子和老人成为弱者，特别是中老年，感染率、重症率、死亡率都是最高的，令他们更加无助与恐慌。又由于他们身为父母或祖父母，难以像未成年的孩子那样直率表达内心恐惧、主动寻求帮助，甚至还要假装若无其事。还记得吗，我们小时候害怕时，只要躲进爸妈的怀抱，握住他们的手，感觉世界就会瞬间安宁下来。今天，这个角色互换了，面对日趋衰老

的爸爸妈妈，“80 后”“90 后”们逐渐成为家庭的中坚力量。我们可以不说任何话，就是走过去，轻轻握住爸妈的手，一如小时候他们紧握着我们的手一样。中国人性格内敛，情感表达尤为含蓄，不擅于用语言和动作表达爱意，但内心深处都充满着对彼此的牵挂和眷恋。请牢记，没有人能够抗拒温暖，你的怀抱就是给予家人最温暖的安全！

知识链接

20 世纪 50 年代之前，主流心理学一致认为，动物和人一样，都会更加依恋给自己提供食物的照顾者，即婴儿爱妈妈是因为妈妈给他们提供了食物。美国心理学家哈洛（Harlow）对此产生怀疑，用刚出生的小猴子做了一系列“残忍”却对人类意义重大的经典实验。他先是做了两个猴妈妈，一个是铁丝做的，胸前有可以提供奶水的装置和提供温暖的灯泡；另一个是用柔软的绒布做的，但只有触觉抚慰，没有奶水。刚开始小猴基本是围着铁丝妈妈以获取食物，但几天后，小猴子只会在饿了的时候才去铁丝妈妈那里吸奶，而吃完奶就会立刻回到绒布妈妈那里，且在绝大部分时间里，小猴子都跟绒布妈妈待在一起。第二个实验是哈洛把会发出巨大声响的机器放进笼子，遭受惊吓的小猴子们毫不犹豫地奔向绒布妈妈，拼命抱住它，想要寻求安慰与保护，最后在绒布妈妈身边平静下来。实验证明了爱存在三个变量：触摸、运动和玩耍。动物尚且如此，何况人类。我们温暖柔软的怀抱、轻柔和缓的抚摸会带给家人最大的安全与宁静。

（三）距离与美

疫情期间，朋友圈特别流行两个段子，一个是预测 2020 年 11 月将会成为新生儿的高峰期，另一个是预测 2020 年 4 月和 5 月有可能成为离婚高峰期。被迫隔离在家的日子里，有差点儿就要分崩离析的夫妻和好了，也有原本恩爱和睦的伴侣却坚定地要离婚！俗话说距离产生美，此话确实不假。病毒的强传染性使得每个人都与他人尽可能远离以保安全，但因居家隔离的“家里蹲”，使得一个屋檐下的彼此距离过近，家里有限的空间无法产生足够的距离。当距离不在的时候，很多原本朦胧的美丽就变成了清晰的瑕疵。

“平时看到帅气的老公西装革履，脑补老公在单位的形象应该是运筹帷幄、纵横捭阖，对领导不卑不亢，对下属温文尔雅。结果，这几天看到丈夫在家，穿着大裤衩瘫坐在电脑椅上办公，顿时感觉到一阵幻灭。”

知识链接

夫妻是世界上最为亲密的人际关系，但什么是真正的亲密关系，人们并不一定知晓。心理学家米尔顿·艾瑞克森（Milton Erickson）认为，真正的亲密关系只能发生在已明确建立自我同一性（把自己“众多的人格”统一起来，形成一个比较稳定的人格）和忠诚的伴侣之间，如果还在建立自我同一性过程中，则不能建立真正意义上的亲密关系。成熟的爱是指配偶和伴侣之间相互分享同一性，双方通过在对方身上发现自己而相互认同。真正的亲密性应该符合如下标准：

- 相互达到兴奋性，即看到或想到对方就会很高兴。
- 彼此相爱。注意，是彼此而非单恋。
- 相互信赖。注意，是相互而非单独。
- 愿意为适应对方而调整自我的工作、生育、娱乐活动等。
- 保证子女在所有阶段都获得令人满意的发展。

心理学家斯腾伯格（Sternberg）的爱情三元论，把神秘莫测的爱情分解为激情、亲密和承诺三个维度。激情是爱情中的性欲成分，是情绪上的着迷；亲密是指在爱情关系中能够引起的温暖体验；承诺则是指维持关系的决定期许或担保。

斯腾伯格的亲密包括八个要素

- 渴望促进对方的幸福。真正的爱情是发自内心希望自己爱着的对象能够因自己而幸福的，而非仅仅是让自己更幸福。
- 跟对方在一起感到幸福。幸福有时候很简单，就是和自己喜欢的人在一起做自己喜欢的事。然而，往往越是简单的标准最终会发现那才是最重要的，就如疫情之下，人们突然发现原本以为最简单不过的期望——好好活着——才是最重要的。
- 当双方一起做事时，都感到愉快，能留下美好记忆，成为艰难时刻的慰藉和力量。疫情当前，夫妻可以取出封存箱底的老照片，一起共同整理、制作电子影集，一起共同回忆曾经美好的岁月。尘封已久的记忆，会唤回心底的柔情，并在这看不见硝烟的战“疫”中彼此慰藉，感受温暖。

- 尊重对方。无论物理空间多么狭小，都需要给自己和对方留有适度的距离。保持独立，也尊重对方的独立，才是成熟的两性关系。
- 与对方相互理解。清楚自己和对方的优势，也接受自己与对方的不足。与一个真实的人相爱，而不是爱一个理想中的偶像。
- 与对方分享自我和物品。愿意奉献自己、自己的时间以及自己的东西给对方。爱不是语言上的表白，爱是愿意花时间去陪伴、倾听、关注。
- 从对方那里得到鼓舞和支持，尤其是在身处逆境之时。
- 亲切沟通，愿意与对方分享自己的快乐与痛苦。疫情之下，坦诚地与对方倾诉自己的焦虑与紧张，彼此安慰、相互鼓励、共同面对。

（四）时间与鲜

疫情中出现的很多家庭问题，无论是亲子冲突还是夫妻矛盾，其原因就是每天待在一起的时间太长了。平时大家各自上班、上学，一天中绝大多数时间并没有交集，只有晚上回家后到睡觉前的5~6小时的共处时间，其间还要忙着做饭、吃饭、收拾家务、完成作业、个人卫生和准备工作，没有那么多时间关注对方。家人彼此之间有时间上的“保鲜”，有些小矛盾忙得顾不过来也就自然消解了。然而，疫情之下，每天24小时相守、相对、相处，时间长了，本来就有的家庭矛盾便暴露出来。

很多家长在朋友圈里吐槽，原本和孩子因为学习而产生的“晚间冲突”已经演变成一场覆盖24小时的“全面战争”。原先忙得没时间仔细观察，现在发现了更多的“毛病”。网上一句调侃特别流行：放假居家隔离，你和你父母谁先崩溃！这种情况若是再赶上家里面更年期遭遇青春期，则更是苦不堪言。

知识链接

家有青春期学生的父母总是埋怨孩子特别自我，听不进去劝说，可这恰恰是青春期的特点——自我中心。青春期孩子的自我中心有两个特征。第一，假想观众。他们会认为每个人都像他们自己那样对他们的行为特别关注，这导致了他们过高的自我意识和对他人的想法过分关注。因此，青春期的孩子通常会比较敏感，易激惹。同时，他们会错误地认为其他人对他们的评价是与他们自己的评价一致的，会在真实的和假想的情境中去预期他人反应。他们经常挂在嘴边的一句话："别说了，你不就是要……"，所以，父母一定要与青春期的孩子保持沟通，否则，他们并不知道你们的真实想法。第二，个人神话。青少年相信他们自己是独特的、无所不能的，常常产生冒险行为。他们会认为自己的感受和经历与别人是完全不同的，易产生孤独感。青春期的孩子特别渴望能够理解自己的知音，因此，聪明的父母会首先做一个忠实的听众，并同情孩子的感受，即便是我们觉得孩子的想法特别幼稚。如果我们总是批评指责，会让孩子更加感到孤独，从而封闭自己与家长交流的通道。他们会相信"别人无法理解我做的事""我是与众不同的"，因此，很多家长教育孩子时特别爱说："你看某某某不听家长的话是现在出事了吧。"这种类比的训诫对青春期孩子而言作用很小，因为自我神话特征会令他们坚定地相信"那种事一定不会发生在我身上！"因此，面对青春期的孩子，沟通非常必要，而沟通从倾听开始，并尽量给予他们共情。

（五）空间与躁

病毒肆虐之时，中国人民用勇敢面对疾患，用坚忍对抗痛苦，也用幽默化解灾难。网络上催生了很多段子："我在家闲得长出了蘑菇，我把蘑菇煮了吃掉，中毒了，去了医院，医生说我中的是好菇毒""医生给我开了药丸，我掉到了地上一直响，仔细一看，原来是'好响出去丸'"。这些段子道出了国人居家隔离的憋屈与痛苦。

"说这个意外的假期，让日子有点过不下去了，本来闹个架儿，惹不起躲得起，摔门而出，去外面找几个朋友倾诉一下，也就过去了。现在是出也出不去，出去也没人玩，想走走都没地方。"那么，在这样狭小的空间中如何促进家庭关系和睦呢？

疫情期间很多家庭矛盾升级被归结为特殊时期的特殊状态，认为只要疫情结束，这些问题就可以自行解决。然而，事实并非如此，此刻家庭冲突与疫情没有多大的关系，疫情只是家庭问题的放大镜而已。家庭发生矛盾的原因有很多，但几乎都存在一个共性问题，就是不会沟通。别看我们每天都在与人说话，貌似进行着沟通，但很多时候是自说自话或你说我听，沟通并没有真正发生。亲子之间、夫妻之际虽然每天都生活在一起，但他们真正和情感有关的沟通和交流却很少，只是在彼此说着各自的事情，或是宣泄各自的情绪。家长只是关心孩子作业写完没有，网课上了没有，有没有认真洗手，并没有去认真想一想孩子喜欢做什么，为什么这么说话。老公只是想妻子是否做了家务，孩子功课辅导了没有，并没有仔细去观察她今天高兴了没有，因为什么伤心。说话并不意味着有沟通，交流更需要心与关注。

疫情之前，夫妻有了矛盾可以赌气出门逃避；疫情当前，无处也无法逃避。狭小的空间让我们必须彼此面对，用心思考，究竟怎样有效沟通才能实现心与心的交流。

中国文化核心要素就是阴阳，万事都有双面性。疫情虽然带来了疾病的风险，但也带给我们机会，使我们终于能够有时间，静下来，与家人有更深的情感连接。从觥筹交错的饭局回到一日三餐的家常，从呼朋唤友的聚会，回到父母亲人的陪伴，让我们一起，用爱和智慧筑起家庭的防护。

⑥ 不同人群健身指导

北体名师小讲堂

北体名师

王正珍

北京体育大学教授，博士，博士生导师，美国运动医学会会员，中华医学会运动医疗专业委员会委员，中国体育科学学会运动医学分会委员，中国营养学会运动营养分会副主委，北京市健康教育协会科学健身专业委员会主委。

身体活动可以改善各个年龄段人群的身体功能，使人们能够精力充沛地进行日常生活，而不会过度疲劳。对于年轻人和中年人来说，身体功能的改善可以帮助他们更易完成日常生活任务，如爬楼梯或搬运杂物。除了改善身体功能，身体活动还可以改善青少年和成年人的认知功能。认知功能包括记忆力、注意力、执行力等方面。对老年人来说也是如此，改善身体功能可以减少他们跌倒的风险以及与跌倒相关的损伤风险，并有助于他们保持独立生活的能力。因此，本章为不同人群提供了疫情期间所需的身体活动方案。

防疫主张：生命因运动而精彩。

广泛的科学证据支持并建议所有人都应该参加有规律的身体活动，以改善整体健康，并减少健康风险。生活方式的选择对健康有深远影响，身体活动就是一个重要例子。规律的身体活动具有帮助人们睡得更好、感觉更好，以及更容易完成日常任务等多种益处，此外，还能有效地预防多种慢性疾病，并可作为慢性疾病的辅助治疗方法。

身体活动益处的新证据

自2008年《美国人身体活动指南》发布以来，身体活动可以带来健康益处的证据不断增加。以下仅仅是最近发现的一些益处：

- ✓ 改善3~5岁儿童的骨骼健康和体重状况。
- ✓ 改善6~13岁青少年的认知功能。
- ✓ 降低各种癌症发生的风险。
- ✓ 对脑健康有益，包括可能改善认知功能、减少焦虑和抑郁风险、改善睡眠和生活质量。
- ✓ 对孕妇来说，降低了体重增加、出现妊娠糖尿病和产后抑郁症的风险。
- ✓ 对老年人来说，降低了发生与跌倒相关的损伤风险。
- ✓ 对患有各种慢性疾病的人来说，降低了全因死亡率和特定疾病死亡率的风险，改善了身体功能和生活质量。

所有人都应参加规律的身体活动以提高整体健康和体能水平，预防、延缓和治疗多种慢性疾病。身体活动对所有年龄段的健康人群、有慢性疾病风险的人群和慢性疾病或功能障碍患者均有益处。

一、儿童青少年（0~17 岁）

儿童青少年时期既是发展动作技能、培养健康生活习惯的关键时期，也是建立终身健康和幸福生活的基础。规律的身体活动能够促进体质健康发展。与那些不活跃的儿童青少年相比，身体活动活跃的儿童青少年拥有更高的心肺耐力水平和更大的肌肉力量，同时身体脂肪含量较低，骨骼也更为强壮。对于学龄儿童而言，身体活动对脑健康有益，能够改善认知功能，减少抑郁症的发生。有研究证据表明，单次的大强度运动和规律的中等到较大强度身体活动都能够提高儿童的记忆能力、运算速度、注意力及学习成绩。经常运动的儿童青少年在成年以后保持健康的机会也更多，如心脏病、高血压、2 型糖尿病或骨质疏松症等慢性疾病的发病率很低。

根据世界卫生组织和不同国家最新发布的身体活动指南，将儿童青少年的身体活动指南概括如下。

1. 1 岁以下的婴儿

婴儿在觉醒状态时，应注意保持活跃，每天以多种活跃的方式活动若干次，特别是通过亲子互动的形式；不会行走的孩子每天应保证至少 30 分钟俯卧位玩耍。

减少婴儿的久坐时间：每次久坐时间不超过 1 小时。例如，控制婴儿坐在婴儿车、高脚椅或汽车座椅里的时间；不建议给婴儿观看各种屏幕，如手机、电脑、电视机等。在婴儿觉醒状态时，鼓励家长或看护人员带着婴儿玩耍，看画报、图片或者讲故事。

婴儿要有足够的睡眠时间

0~3 个月婴儿每天的睡眠时间是 14~17 小时。

4~12 个月婴儿每天的睡眠时间是 12~16 小时。

2. 1~2 岁的儿童

这个年龄段的儿童每天应进行多种形式的身体活动 180 分钟，包括走路、做动态游戏、骑三轮车等；中低强度和较大强度活动或者运动的时间都可以计算到总的活动或运动时间之内；每天久坐时间应少于 60 分钟；高质量睡眠应达到 11~14 小时。

3. 3~5 岁的儿童

鼓励这个年龄段的儿童积极地活动和玩耍，也可以参与有组织的活动，包括走路、跑步、舞蹈、骑三轮车、投掷游戏、踢球及做动态游戏等；每天进行多种形式的身体活动 180 分钟，其中至少有 60 分钟要达到中等至较大强度，也就是说在活动或运动中有心跳加快、微微出汗至明显出汗的现象；每天久坐时间少于 60 分钟；高质量睡眠 10~13 小时。

学龄前儿童活动的身体活动推荐

- ✓ 学龄前儿童（3~5岁）应该一整天都积极活动，以促进生长发育。
- ✓ 学龄前儿童的成年看护者应鼓励孩子积极地玩耍，进行各种类型的活动。

4. 学龄阶段的儿童青少年

学龄阶段的儿童青少年（6~17 岁）每天进行不少于 60 分钟的中等强度和较大强度身体活动，能够获得巨大的健康效益。这些活动包括有氧运动，以及与年龄相适应的肌肉和骨骼强化活动。这个年龄段是骨量增加幅度最大的阶段，大部分峰值骨量是在青春期末获得的。因此，骨强化活动对儿童和青少年尤其重要。

● 有氧运动

有氧运动是指有节奏的大肌肉群活动并且保持较长的运动时间。跑步、跳跃、单脚跳、两脚跳、跳绳、游泳、跳舞和骑自行车都属于有氧运动。有氧运动能够增加心肺耐力。

● 肌肉力量练习

肌肉力量练习是那些需要肌肉费力程度比日常生活更大的活动或运动。肌肉力量练习可以是结构性的，比如举起重物或者使用弹力带，也可以是游戏的一部分，比如玩操场上的器械、爬树、拔河等。

● 骨强化活动

骨强化活动能够对骨产生作用力，促进骨骼的生长和强度的提升。这种力通常在与地面的撞击中产生，跑步、跳跃、单脚跳、双脚跳、跳绳、跳舞、打篮球、踢足球、打网球和跳房子都是骨强化活动的例子。此外，骨强化活动也可以是有氧运动和肌肉力量练习。在户外阳光下进行骨强化活动，效果更佳。

学龄儿童和青少年活动的身体活动推荐

✓ 为青少年提供适龄的、愉快的、多样化的身体活动机会，并且鼓励他们参与身体活动是十分重要的。

✓ 6~17岁的儿童青少年应该进行每天60分钟及以上的中等至较大强度的身体活动。

- 有氧运动：在每天60分钟内的大多数时间或更长的时间里，都应该进行中等或较大强度的有氧运动。同时，应该每周至少3天进行较大强度的身体活动。
- 肌肉力量练习：作为每天60分钟及以上活动的一部分，儿童青少年应该每周至少3天进行肌肉力量练习。
- 骨强化活动：作为每天60分钟及以上活动的一部分，儿童青少年应该每周至少3天进行骨强化活动。

二、成年人（18~64岁）

身体活跃的成年人比不活跃的成年人更健康，感觉更好，并且可能更少患上多种慢性疾病，如心血管疾病、2型糖尿病和至少七种类型的癌症。规律的中等至较大强度的身体活动还可以减轻焦虑和抑郁的感觉，改善睡眠和生活质量，即使一次身体活动也可以暂时改善认知功能和焦虑状态。身体更活跃的成年人能够更好地完成日常任务而不会过度疲劳。增加中等至较大强度的身体活动可以增强心肺耐力、肌肉力量和肌肉耐力，获得更健康的体重和身体成分。身体活跃的成年人可以更轻松地完成日常任务，如走楼梯、搬运沉重的包裹及做家务。所有成年人都可以获得这些益处。

对于成年人来说，最重要的运动类型是有氧运动、肌肉力量练习和柔韧性练习。

1. 有氧运动

有氧运动，也称心肺耐力运动，是人们在一段持续时间内有节奏地运动大肌肉群的身体活动。跑步、快走、骑自行车、跳舞和游泳都属于有氧运动。有氧运动使人的心跳加快，呼吸速度增加，以满足身体活动的需要。随着时间的推移，规律的有氧运动使心肺系统更强壮、更健康。所有类型的有氧运动都可以，只要能有足够的强度。有些职业性或生活中的身体活动也可以计算到总运动量中，如把步行或骑自行车作为出行方式的情况。

成年人每周进行相当于 150~300 分钟的中等强度有氧运动，或 75~150 分钟的较大强度有氧运动，或中等强度和较大强度有氧运动的等效组合，可获得可观的健康益处；成年人每周超过 300 分钟的中等强度或 150 分钟较大强度的身体活动，可以获得更多的健康益处。成年人既可以做中等强度也可以做较大强度的有氧运动，或两者兼而有之。较大强度的运动与中等强度的运动相比，获得相同的收益花费的时间更少。一般的经验法则是，2 分钟的中等强度运动与 1 分钟的较大强度运动获益大致相同。例如，30 分钟的中等强度运动与 15 分钟的较大强度运动获益大致相同。

可以根据个人时间，将有氧运动量在一周内分段进行，比较均匀地分布在大多数日子里。每周至少有 3 天进行运动也可以降低运动损伤的风险并防止过度疲劳。每周集中运动 2 天，在工作日 5 天不运动，周末 2 天甚至 1 天完成运动量，被称为“周末勇士”。这种运动形式可能会增加损伤以及运动中诱发心血管疾病的风险。

对于每天 30~60 分钟的运动量，可以一次完成，也可以分段完成，如每次运动 10 分钟左右，累计达到 30~60 分钟。对于运动促进健康的作用来说，中等至较大强度身体活动或者运动的总量比每次身体活动或者运动时长和强度更重要。

中等强度的运动包括快走（速度≥ 4 千米 / 时）、休闲游泳、在平地上骑自行车（速度≤ 16 千米 / 时）、网球（双打）、活力瑜伽、广场舞、一般庭院工作和家庭维修工作、水中有氧运动。成年人在中等强度运动中的主观感觉是“有点累，还可以”，或者是在运动中“能说话，不能唱歌”，也就是说，在运动中尽管呼吸频率增加，虽然唱不出来，但是可以说出完整的句子。

较大强度的运动包括慢跑或跑步、游泳、网球（单打）、较大强度的舞蹈、骑自行车（速度 >16 千米 / 时）、跳绳、铲雪、徒步上山或背沉重的包、高强度间歇训练、较大强度的踏板操或跆拳道，以及足球、篮球、排球、乒乓球、羽毛球等多种比赛。进入较大强度运动时，呼吸、心跳明显加快，主观感觉是“比较累或者累”，此时只能说出几个字，或者不停下来喘气就不能说出连贯的句子。对于没有规律运动习惯的人来说，可以从小强度、短时间开始运动，随着人体的适应性增加，逐渐增加运动强度和延长运动时间。

增加身体活动带来的益处——与超量负荷、进展和特异性有关

超量负荷是指当身体活动的量或强度比平时大时，身体所要承受的物理压力，而身体的结构和功能会对这些压力产生反应和适应。例如，有氧运动给心肺系统和肌肉带来压力，需要肺部输送更多的氧气、心脏泵出更多的血液，并将其输送给工作中的肌肉。这种需求的增加提高了肺部、心脏、循环系统和运动肌肉的效率和能力。同样地，肌肉力量练习和骨强化活动也会给肌肉和骨骼带来超量负荷，使它们变得更强壮。

进展与超量负荷密切相关。一旦个体达到了一定的健康水平，就能够通过持续的超量负荷和适应来提高身体活动水平。小的递增负荷有助于身体适应更大的压力，同时减少受伤的风险。

特异性是指身体活动的益处仅发生在完成工作的身体系统上。例如，步行的生理益处主要是针对下半身和心血管系统；俯卧撑主要有益于胸部、肩部和上肢的肌肉。

在我国，步行和太极拳是极常见的运动方式。作为活跃的生活方式的一部分，步行是一项容易开始并保持的身体活动。它不需要特殊技能、设施或昂贵的设备，全年的很多环境中都可以进行步行，甚至当前宅在家里也可以进行原地步行。坚持规律的步行，可以获得运动带来的大多数健康益处和较少的运动损伤。循序渐进地增加每天的步数，直至每天 1 万步，不会损伤膝关节。太极拳在我国的普及程度很高，根据太极拳的类型和姿势，可涵盖低强度、中等强度，甚至较大强度运动，也可以认为太极拳包含了有氧运动和肌肉力量练习，是一种非常有效的锻炼方式。除了有氧运动和力量练习的益处，太极拳还具有增加人体平衡能力、防止摔倒的功效。

高强度间歇训练是间歇训练的一种形式，包括交替进行的短时间最大努力运动期和较短的恢复期。关于最大努力期、恢复期或两者的比例，没有普遍接受的长度；每组或整个运动期间没有普遍接受的周期数；并且没有关于最大努力期应该达到的精确相对强度。

在中等强度或较大强度的有氧运动之前应进行热身。热身和整理活动包括以较慢的速度或较低的强度进行运动。运动开始时，可以逐渐增加心率和呼吸。运动后的整

理活动可以使得心率和呼吸逐渐下降。如果热身和整理活动至少是中等强度（例如，在慢跑前以快走作为热身），那么进行热身和整理活动的时间可计入有氧运动量。

当成年人每周至少进行 150 分钟的中等强度有氧运动时，其获益是巨大的。其包括降低全因死亡风险，降低冠心病、中风、高血压、2 型糖尿病、某些癌症、焦虑、抑郁症、阿尔茨海默病和其他痴呆的患病风险。身体活跃的成年人睡得更好，认知能力更高，生活质量更好。当一个人每周运动时间从 150 分钟增加至 300 分钟时，健康获益变得更加广泛。例如，每周运动 300 分钟的人比 150 分钟的人患心脏病或 2 型糖尿病的风险更低。年龄较大或不太健康的成年从事低强度的运动即可获得健康益处，他们能够逐步适应中等至较大强度的运动。相比之下，年轻或更健康的成年人可能需要进行更大强度的运动才能获得某些健康益处。

2. 肌肉力量练习

肌肉力量练习对人们的健康有益，并且是成年人整体身体活动计划的重要组成部分。成年人每周进行 2~3 次中等或更大强度的包括所有主要肌肉群的肌肉力量练习，会获得更多的健康益处。肌肉力量练习可以获得有氧运动所没有的更多益处，包括增加骨骼强度、肌肉力量和耐力，还可以帮助人们在减肥期间保持肌肉质量。肌肉力量练习是让肌肉做比平时多的工作，也就是说，它们使肌肉超负荷工作。肌肉力量练习包括举重、使用弹力带、抗自身体重的运动（如俯卧撑、引体向上和平板支撑）、搬运重物等。

成年人身体活动指南要点

- ✔ 成年人全天应该多动少坐。有一些身体活动总比没有好。少坐并进行任意量的中等至较大强度身体活动的成年人可以获得一些健康益处。
- ✔ 为了获得实质性的健康益处，成年人应该每周完成150~300分钟的中等强度，或75~150分钟的较大强度有氧运动，或中等强度和较大强度有氧运动的等效组合。有氧运动量最好分散在整周内进行。
- ✔ 每周超过300分钟的中等强度身体活动，可以获得更多的健康益处。
- ✔ 成年人还应该进行中等或更大强度的包括所有主要肌肉群的肌肉力量练习，每周练习2天或更多天，因为这些运动会提供更多的健康益处。

肌肉力量练习要求中等甚至更大的强度，并且锻炼到全身主要的肌肉群——腿部、臀部、背部、胸部、腹部、肩部和手臂。针对所有主要肌肉群的肌肉力量练习每周至少应该进行 2 天。没有特别针对肌肉力量练习时间的推荐，但是举起重物或者抵抗阻力的练习应该进行到不能再次重复的程度。当进行抗阻训练时，每次锻炼进行 1 组，每组重复 8~12 次，可以有效地增强肌肉力量。当然，练习 2 组或 3 组的效果会更好，随着时间的推移，肌肉力量和耐力将逐渐改善。肌肉力量练习的热身通常包括进行较轻重量的抗阻练习。

3. 柔韧性练习

柔韧性练习是成年人整体身体活动计划的组成部分。柔韧性运动增强了关节在整个活动范围内运动的能力。拉伸练习是增加身体柔韧性的有效方式，可以使人们更容易地进行需要更大柔韧性的运动。每次有氧运动或力量练习结束后，进行短时间的柔韧性练习可以获得良好效果，有助于增加关节活动度和排出运动中的代谢产物。通常每个部位拉伸 60 秒，分 3 组完成，局部感到绷紧或稍有不适即可。

4. 增加生活中的身体活动

在日常生活或工作中增加一些身体活动也有助于身体健康，如爬楼梯、步行、烹饪、打扫卫生等家务劳动，但是这些身体活动不能代替规律运动。

5. 减少生活中的久坐行为

久坐行为是指任何觉醒状态下坐着、斜倚或躺着，能量消耗水平很低的状态，“葛优躺”就是一种典型的久坐行为。经常久坐的人发生全因死亡的风险和心血管疾病死亡的风险更高，患心血管疾病、2 型糖尿病、结肠癌、子宫内膜癌和肺癌的风险也更高。无论什么原因，在觉醒状态下每静坐、斜倚或躺着 1 小时，应该起来站一会儿，或走动 1~5 分钟。

久坐行为与中等至较大强度运动对人体的影响

久坐行为的时间与成年人全因死亡率和心血管疾病死亡率的风险之间有密切关系。久坐行为相关的风险取决于所进行的中等至较大强度身体活动的量，下面这个图用红、黄、绿这三种颜色表示二者的相关性。该图中，横坐标是以分钟为单位的中等至较大强度的身体活动，纵坐标是以小时为单位的每天静坐的时间；红色代表全因死亡率较高的风险；绿色代表全因死亡率较低的风险；橙色和黄色代表全因死亡率风险的过渡性下降。

在静坐时间最长时（图的顶端），即使是很少量地增加中等至较大强度的身体活动，全因死亡率的风险就开始降低（颜色变成橙色）。进行最多中等至较大强度身体活动的人，即使静坐时间最长（右上角），他的全因死亡率的风险也很低。目前，对这个活动量进行估计，每天 60~75 分钟的中等强度活动，或每天 30~40 分钟的较大强度活动是最佳的。这种中等到较大强度的大活动量仅有一小部分人群能够达到。在中等到较大强度活动量最低时（图的左侧），随着久坐时间的增加，全因死亡率的风险增加。这意味着，对于不活跃的成年人，用较小强度的身体活动来代替静坐时间可以降低全因死亡率的风险。虽然全因死亡率的风险随着久坐行为的时间减少而降低，但是即使久坐时间最少的成年人，如果不进行中等至较大强度的身体活动（左下角），其风险也会增加。本图主要说明三个问题：（1）大量的中等至较大强度的身体活动似乎消除了与大量静坐时间相关的全因死亡率过高的风险，（2）静坐时间很短也不能消除没有中至较大强度身体活动所带来的风险，（3）考虑到人群中长时间的静坐和低水平的身体活动，大多数人都会受益于增加中等强度的身体活动和减少静坐的时间。

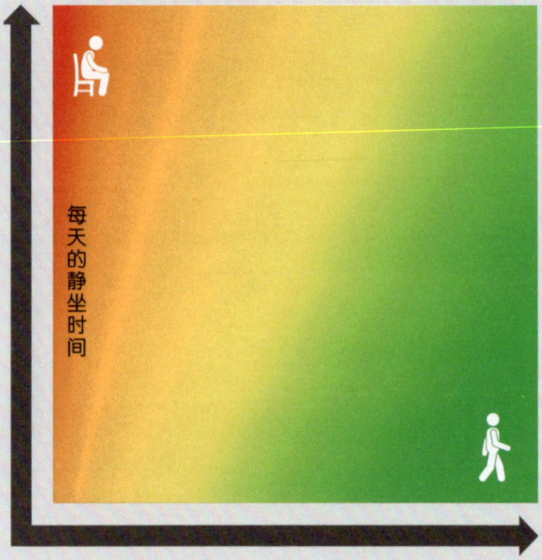

成年人中等到较大强度身体活动、静坐时间和全因死亡率风险的关系。

三、老年人（65 岁及以上）

规律身体活动的获益贯穿终身，并且对健康老龄化至关重要。65 岁以上的成年人从规律身体活动中获得了实质性的健康益处，任何时候开始锻炼都不晚。积极锻炼身体使日常生活变得更容易，包括吃饭、洗澡、上厕所、穿衣、上下床或椅子，以及在房间或社区里活动。经常锻炼身体的老年人更不容易摔倒，如果摔倒了，他们受重伤的可能性也更小。身体活动也可以保持良好的身体机能和灵活性，这有助于保持老年人的独立性和延缓重大残疾的发生。研究表明，身体活动可改善任何年龄的成年人、超重或肥胖成年人，甚至身体衰弱个体的身体功能，促进老年人的身体活动和减少久坐行为尤其重要。

老年人是一个多样化的群体，大多数(但不是全部老年人)都有一种或多种慢性疾病，如2型糖尿病、心血管疾病、骨关节炎或癌症，而且这些疾病的类型和严重程度各不相同。然而，身体活动对所有老年人均有益处，身体活动是预防和控制慢性病的关键。其他好处还包括降低痴呆症的风险、改善生活质量、减轻焦虑和抑郁症状等。此外，与他人

老年人身体活动指南

以下关于成年人的建议同样适用于老年人：

- ✔ 成年人一天中应该多动少坐。少胜于无，多则更有益。减少久坐，增加任何中等至较大强度身体活动都会获益。
- ✔ 为了获得实质性的健康益处，成年人应该每周进行150~300分钟中等强度身体活动，或75~150分钟的较大强度有氧运动，或中等和较大强度有氧运动结合达到同等运动量。有氧运动应分散在一周内进行。
- ✔ 每周进行相当于300分钟中等强度的身体活动可以获得更多的健康益处。
- ✔ 成年人也应该进行中等强度或更大强度的肌肉力量练习，每周2天或2天以上，这些活动可使身体获得额外的健康益处。

以下建议仅适用于老年人：

- ✔ 作为每周身体活动的一部分，老年人应该进行多种形式的身体活动，包括平衡性练习、有氧运动和肌肉力量练习。
- ✔ 老年人基于自身体适能水平来决定他们的身体活动的费力程度。
- ✔ 患有慢性疾病的老年人应该了解他们的病情以及如何影响他们进行规律身体活动的安全性。
- ✔ 当老年人因为慢性疾病无法完成每周150分钟中等强度的有氧运动时，应鼓励他们尽可能多地进行身体活动。

一起参加身体活动可以增加社交和互动的机会。随着年龄的增长，所有老年人都会经历身体健康水平的下降及功能丧失，但有些人经历得更多，一些老年人可以跑几千米，而另一些人则很难走 1000 米。

对于 65 岁以上、身体健康、无慢性疾病的老年人，与上述成年人身体活动的指导意见基本相同。除了上述成年人的常见运动形式，老年人还应加强平衡练习。

平衡性练习可以提高因抵抗身体内部或外部力量导致跌倒的能力。预防跌倒的运动计划包括平衡练习和其他改善日常生活能力的锻炼。这些措施可显著降低损伤风险，如由跌倒所致的骨折，每周进行 3 次平衡性练习就可以取得良好的效果。平衡性练习包括叠步走、坐姿站立练习和摇板练习。此外，增强背部、腹部和腿部的肌肉力量也能改善平衡能力。

对于老年人来说，将有氧运动、肌肉力量练习和平衡性练习结合在一起，可以较全面地获益，如每天步行（有氧运动）、用小哑铃或弹力带进行上肢力量练习，适当通过向后或侧向行走或单脚站立进行平衡能力练习，可以较好地改善身体机能和降低跌倒或摔伤的风险。

瑜伽和太极拳

- 瑜伽和太极拳是越来越流行的身体活动形式。
- 瑜伽有许多不同的形式，它们的强度范围从冥想的哈他瑜伽到力量瑜伽。由于这个原因，瑜伽可以被描述为低强度身体活动或中等强度的身体活动。瑜伽也可以被认为是有氧和肌肉练习，这取决于不同类型和动作的练习。
- 太极拳通常被归类为低强度身体活动，但对老年人来说，可能属于相对中等强度的运动，某些形式的太极拳属于肌肉力量练习。目前的研究正在探索太极拳对老年人平衡和身体功能的影响。

四、孕产妇

一般来说，孕、产妇运动可以参照成年人的运动进行指导。中等强度的身体活动对基本健康的孕妇来说是安全的。身体活动可以降低孕期体重过度增加和患妊娠糖尿病的风险。身体活动可以提高心肺耐力，但不会增加妊娠不良事件（如低出生体重、早产或孕早期流产）的发生风险。产后（产后第一年）的身体活动也可以改善产妇的心肺耐力、缓解产后抑郁的症状，在限制能量摄入的同时，还可以帮助产妇在产后恢复到怀孕前的体重。经常从事较大强度有氧运动或怀孕前进行身体活动的妇女可以在怀孕期间和产后期继续这些活动。孕妇可以咨询她们的医疗保健人员，了解是否或如何调整她们在怀孕期间和婴儿出生后的身体活动。孕妇的运动应听从能够监测孕期情况的医疗保健人员的指导。

妊娠和产后妇女的身体活动指南

- ✓ 处于妊娠期和产后期的妇女，应该每周至少进行150分钟的中等强度有氧运动，并最好将运动量分布在整周内。
- ✓ 妊娠前经常从事较大强度有氧运动或身体活动活跃的妇女，可以在妊娠期和产后期继续进行这些活动。
- ✓ 孕妇应该由能够监测妊娠进度的医疗保健人员进行医学照护。孕妇可以向医疗保健人员咨询是否可以进行身体活动，或在妊娠期和产后如何调整她们的身体活动。

五、慢性疾病及残障成年人

一般来说，慢性疾病及残障成年人运动可以参照成年人的运动指导。中等强度的身体活动对基本健康的慢性疾病及残障成年人来说是安全的。慢性疾病患者首先应接受医学检查，并由医生对疾病作出诊断和相应的治疗，在病情稳定时，循序渐进地增加身体活动量，逐渐达到运动指导的运动量或健康目标。有条件时，应接受有资质的运动处方师的指导，明确适合他们的身体活动类型和运动量。不活跃的人应该从较低强度的身体活动开始，从低水平开始缓慢推进，逐渐增加活动的频率和持续时间。当患有慢性病或残障成年人不能完成上述成年人的运动指导时，他们应根据自己的能力进行规律的身体活动，并应减少久坐生活状态。

慢性疾病及残障成年人的身体活动指南

- 慢性疾病及残障成年人应该每周至少进行150~300分钟的中等强度有氧运动，或每周至少75~150分钟较大强度的有氧运动，或中等强度和较大强度有氧运动的等效组合。最好将有氧运动量分布在整周内。
- 慢性疾病及残障成年人应该进行每周至少2天的中等或较大强度的涉及全身主要肌肉群的力量练习，这些活动可以提供更多的健康益处。
- 当慢性疾病及残障成年人不能满足上述推荐量要求时，他们应根据自己的能力进行规律的身体活动，并应避免静坐少动。
- 成年慢性疾病患者应该在医疗保健人员的监控下从事身体活动。慢性疾病患者可以咨询医疗保健人员或身体活动专家，了解适合其能力和慢性疾病特点的活动类型和总量。

北京体育大学
BEIJING SPORT
UNIVERSITY

齐心防疫——北体名师带你科学健身

健身篇

本篇由七位北体名师带你一起体验居家健身的乐趣，囊括了八种运动方式：亲子活动、快乐健身操、减脂塑形、轻松拉伸、微空间健身操、居家高强度间歇训练、八段锦和太极拳综合十式。

7 亲子活动

北体名师小讲堂

北体名师

罗冬梅

北京体育大学教授，博士生导师，北京市教学名师，主持研制了国内首部《学龄前儿童（3~6岁）运动指南》，并带领团队在百余所中小学和幼儿园中开展运动促进儿童体质健康的科技服务活动。本章内容即为罗冬梅教授团队成员共同创编。

学龄前儿童居家健身方案旨在解决疫情期间孩子们的“放电”难题，让家长在疫情期间做到科学育儿。本章内容以亲子活动为主，这些游戏的设计理念基于国内首部《学龄前儿童（3~6岁）运动指南》，该指南是由北京体育大学、首都儿科研究所和国家体育总局体育科学研究所共同发布的，首次提出我国学龄前儿童运动的指导原则和具体推荐意见。在此基础上，亲子活动要求做到“益心”“益智”和“益体”，在增强幼儿免疫力的同时，促进亲子关系，让运动成为习惯。除亲子活动外，本章还涉及减少久坐、预防近视等重要科普知识，让家长知其然更知其所以然，真正做到科学养育。

防疫主张：知难而进抗疫情，
守得云开见月明。

一、亲子活动带你动起来

今年春节假期过得不同于往年，大家为了防控疫情，取消了各种拜年聚会，就连出门散步都尽量减少了。家里的小朋友由于免疫力尚未发育完善，更成为家长重点保护的对象。

然而，没办法出门遛娃，精力旺盛的小宝贝把家里搞得鸡飞狗跳可怎么办？不想把小朋友交给电子保姆，只能和娃大眼瞪小眼，很多家长甚至觉得在家陪娃比面对老板的绩效考核还有挑战。

不用着急，亲子活动帮你解决宝贝的“放电”难题。运动可以提升宝贝的免疫力，增强体质；还可以缓解家长由于疫情和带娃引发的焦虑情绪，放松身心。此外，全身心地和宝贝一起玩耍，更是难得的促进亲子关系的好机会。

如何才能在亲子活动中做到“益心”“益智”“益体”？北京体育大学学龄前儿童运动指南研究团队带给大家几个小游戏。让咱们关掉电视，放下手机，带娃一起动起来！

1. 百发百中

目标：发展幼儿的手眼协调能力、投掷动作技能和算数能力。

道具：沙包或纸球。

玩法：

游戏视频

（1）在墙上贴上一些大小不一的纸，纸越小得分越高。

（2）幼儿和爸爸妈妈站在一定距离外，瞄准墙上的贴纸进行投掷。每人投掷 5 次，比一比谁的得分更高。

2. 纸筒接球

目标：发展幼儿的手指精细操作能力和手眼协调能力。

道具：报纸、羽毛球或乒乓球。

玩法：

游 戏 视 频

（1）爸爸妈妈和幼儿利用废弃的报纸做成纸筒。

（2）幼儿将一颗乒乓球放入自己的纸筒中，通过摆动手臂将球传向对面的爸爸妈妈。互相抛接球。

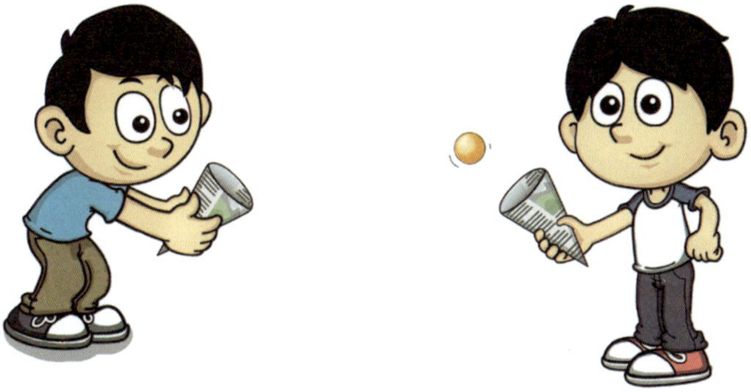

3. 猜拳折纸

目标：发展幼儿在较小的接触面下维持身体静态平衡的能力。

道具：旧报纸，或 4 张使用过的 A4 纸拼接成一张大纸。

玩法：

游 戏 视 频

（1）爸爸（或妈妈）和幼儿站在报纸上进行猜拳。

（2）输的一方须将报纸对折。

（3）反复进行猜拳，其中一方的报纸被折到再也无法站立则游戏结束。

4. 突出重围

目标：发展幼儿的姿势控制能力、柔韧性和识图能力。

道具：彩带和识图卡片。

玩法：

（1）把彩带粘贴在两侧墙面（椅子或沙发等物体）上，将客厅设计成一个逃脱通道。

（2）幼儿和爸爸妈妈不能触碰彩带，比一比谁先顺利逃脱。

（3）爸爸妈妈可以在彩带上粘贴一些识图卡片，幼儿获取某些特定卡片后才能逃脱。

游戏视频

5. 夺旗子

目标：发展幼儿多方位的移动能力和灵敏素质。

道具：旗子或便笺纸。

玩法：

妈妈爸爸和幼儿面对面站立，将旗子插于腰部。双方想尽办法去夺取对方的旗子。

游戏视频

6. 抓小猪

游戏视频

目标：发展幼儿的拖拽能力和爬行能力。

玩法：

（1）在地面等距画出三条平行线，中间为起点线，两侧为终点线。

（2）幼儿扮演“小猪”，两手两膝着地趴在起点处；父母或兄弟姐妹扮演“猎人”，站在“小猪”背后，两手抱住“小猪”的髋部。

（3）游戏开始后，“小猪”努力向前方爬行，“猎人”则将“小猪”往回拖拽。

（4）谁先到达自己的终点则谁获胜，两人交换角色继续游戏。

温馨提示

- 在做游戏之前，打开窗户通通风，保证室内空气新鲜；同时用略潮湿的拖布擦擦地，待地面晾干后再开始游戏。
- 玩游戏过程中，不要给孩子穿过多、过厚的衣服，避免孩子大量出汗。若孩子出汗较多，注意及时提醒孩子喝水，并在游戏结束后及时换上干爽的衣服。
- 游戏时，家长要留意桌角、插座等物体，做好安全防护。
- 不要在容易起尘埃、毛毛的地毯、地面和床上玩耍。
- 每次游戏的时间可控制在 10~30 分钟，一天之内可分多次进行。

二、居家减少孩子久坐

疫情期间大家需要配合国家要求，严格居家。由于家中活动空间较小，家长们每日“瘫”在沙发上看电视、刷手机的时间大大增加，这无形中也增加了家里的小朋友面对各种电子屏幕的久坐行为。

• 什么是久坐行为?

久坐行为是一系列以坐姿或卧姿为主要动作形式而且能量消耗很低的个体行为。所以，除了坐或躺着看电子屏幕，孩子们坐着读绘本、画画、做手工及吃饭等，都算久坐行为。

• 久坐行为的危害有哪些?

久坐行为可带来各种健康风险，如超重和肥胖等，甚至与全因死亡率、2 型糖尿病和代谢功能障碍等都有关系。

对孩子而言，久坐行为越来越多地来自屏幕时间的增加，这不仅违背了儿童好动的天性，更可能存在时间累积效应。也就是说久坐行为对孩子此年龄段可能没有显著影响，但可能会累积到成年后出现不良后果。

• 家长应该怎么做呢?

家长应该减少孩子每天的久坐行为，特别是面对屏幕的久坐行为。孩子的任何久坐行为每次持续时间应限制在 60 分钟内。其中，面对屏幕的时间每天累计不应超过 60 分钟，而且越少越好。

看到这里，相信各位家长已经明白了久坐时间≠屏幕时间，所以家长应该尽量减少孩子每天的屏幕时间。即便是不得不坐的时候，也应该用一些“益心、益智、益体”的亲子小游戏来代替。

那么具体该如何做呢？北京体育大学学龄前儿童运动指南研究团队来为你支招。

1. 隔空发力

目标：通过简单的电学实验，启蒙幼儿对科学的兴趣；同时发展幼儿精细动作能力。

道具：气球、筷子、矿泉水瓶、塑料板。

游 戏 视 频

玩法：

（1）将气球吹好，矿泉水瓶立在桌上，再把筷子横放在瓶盖上面。

（2）将气球在塑料板或头发上来回摩擦几次，让气球慢慢接近筷子，并隔空让筷子在瓶盖上旋转起来，先让筷子转 5 圈者获胜。

2. 悬浮乒乓球

目标：提高幼儿的肺活量和灵敏性。

道具：吸管（稍长一些）、乒乓球。

玩法：

（1）爸爸（或妈妈）先示范一次，首先折弯吸管，然后把乒乓球放在吸管上面，用力吹吸管，看看有什么样的效果。

游 戏 视 频

（2）爸爸（或妈妈）可以和孩子 PK，看谁的乒乓球在吸管上悬停的时间更长。

温馨提示

最初玩此游戏时，可让孩子用粗一些的吸管来尝试，以提高成功率。

3. 玩转纸杯

目标：增进亲子间的交流，发展幼儿的反应速度和独立思考能力。

道具：纸杯 4 个、纸片 3 张、铅笔 2 支。

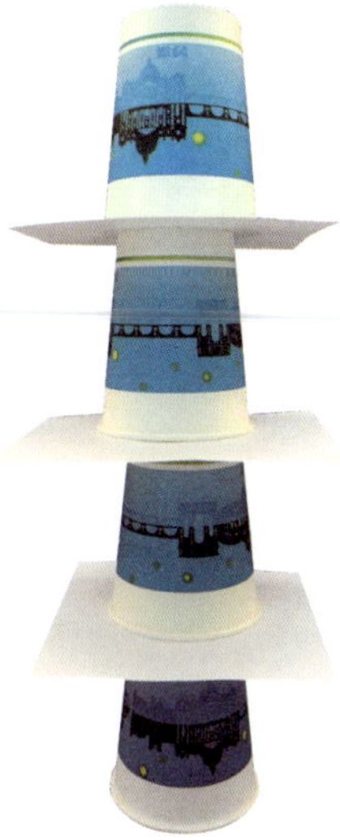

玩法一：两两配对

（1）由爸爸妈妈和幼儿设立游戏的主题，此处以动物为例。

（2）幼儿拿出 3 个杯子，在杯底分别写或画上 3 个自己喜欢的动物，例如兔子、猩猩和小狗。

（3）爸爸妈妈拿出 3 张纸片，写上上述动物爱吃的食物名称（胡萝卜、香蕉和骨头），并告诉幼儿：“我在纸上写了小动物们爱吃的食物，一会儿你要找出来哦！”

（4）由爸爸妈妈打乱杯子和纸片的排列顺序，幼儿原地闭眼转 3 圈后（注意保护哦），快速地将纸杯和纸片进行配对。

玩法二：快速抽纸片

（1）在幼儿配对正确后，把纸杯（倒置）和纸片依次摞起来。

（2）让幼儿由上至下快速抽掉纸片。要求上方纸杯准确地落入下方纸杯，并且纸杯塔不倒。通常很难一次成功，此时幼儿就会思考用力方式和纸片的放置位置。

温馨提示

- 爸爸妈妈可以通过调整纸杯和纸片的数量改变游戏难度。
- 爸爸妈妈可以根据幼儿的认知水平设立游戏主题，例如数字、字母、动物和动画片等。

4. 夹豆子

目标：发展幼儿的手部精细控制和物品分类能力。

道具：筷子、不同颜色的玻璃珠（或豆类、干果、硬币等）、碗。

玩法一：

（1）准备一盘 3~4 种颜色的玻璃珠数枚和相应数量的空碗。

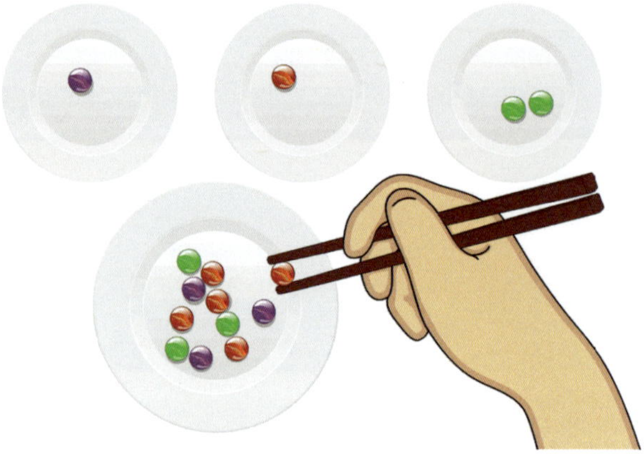

（2）让幼儿独自使用筷子将不同颜色的玻璃珠夹至不同的碗内，保证每碗内颜色相同。中途如掉落需捡起，重新夹取。

玩法二：

（1）游戏规则变成用两根手指捏起玻璃珠后放入空碗中。

（2）游戏需要爸爸妈妈参与进来。爸爸妈妈和幼儿依次捏取玻璃珠，但要求每次用的手指均不同，即三人的捏取方法不能重复。比一比谁更有创造力吧！

5. 叠叠乐

目标：考验亲子间默契配合的能力，提高幼儿的手眼协调能力。

道具：纸杯（或塑料杯）、皮筋或发圈、棉线。

玩法：

游 戏 视 频

（1）准备四段长度相同的棉线，分别等距地系在皮筋上。

（2）爸爸（妈妈）和幼儿各持两根棉线，通过精细、协调用力牵拉棉线，使皮筋套紧纸杯。这时候就可以通过牵拉棉线提起并运送纸杯啦！

（3）试试用这种方法把纸杯摆成一座纸杯塔吧！

（4）还可以通过将纸杯摆放成不同的图案、数字或字母等来丰富本游戏的内容。

三、居家预防孩子近视

在上一版块中我们特别强调了，宅在家中难免久坐，但是也尽量不要让宝贝们的久坐时间直接变成屏幕时间。同时，爸爸妈妈们是否想到过或担心过“看手机、看电视、玩电脑的时间多了，娃的视力会变差！”，虽然在学龄前阶段儿童近视的发生率不高，但此阶段孩子眼睛的状况可是他们未来是否发生近视的重要基础。所以，家长们应该对此高度重视哦！让我们先了解近视的相关知识吧。

● 孩子的眼球是如何发育的？

孩子刚出生的时候，因为眼球小、眼轴较短，一般双眼都处于远视的状态。随着眼球慢慢长大，远视的状况也在慢慢减轻。正常状况下，到了 12 岁左右，眼球的大小基本定型，眼轴的长短也就接近成年人的水平了。

此时，孩子眼球生理性的远视就消失了，这个过程称为“正视化”。所以，孩子眼睛有些远视是正常的，这就是所谓的“远视储备”。可是如果远视储备被提早耗尽了，很可能下一步找上门的就是近视了。所以，保护孩子的视力，预防近视，我们必须从当下做起。

● 如何才能预防近视呢？

首先，避免用眼疲劳。《学龄前儿童（3~6 岁）运动指南》推荐，“屏幕时间每天累计不超过 60 分钟，而且越少越好”。因为长时间近距离用眼是导致近视发生最重要的外因，所以要尽量减少近距离用眼时间。此外，除了看电视、看手机之类的“视屏”活动，宝贝在看书、绘画过程中也会涉及近距离使用眼睛，同样也要避免长时间持续用眼。

其次，保证光照时间。我们颁布的指南还推荐，“每天应进行至少 120 分钟的户外活动”，原因之一就是户外活动对于预防近视至关重要。阳光能够刺激人体分泌一种重要的神经递质——多巴胺。已有研究表明，光照下视网膜分泌的多巴胺增多，有助于维持眼球正常发育，预防近视发生。同时，户外活动的另外一个优势是“保护性离焦”，因为户外的许多物体都在较远的地方，此时眼睛的成像都是放松性的。

● 特殊时期需要宅在家中，如何保证光照呢？

在活动时选择家里阳台或者窗户边，并且把窗户打开让阳光照进房间里。因为窗户的玻璃会隔绝 90% 以上的紫外线，如果隔着玻璃晒太阳，就达不到接触阳光的效果了。

所以做游戏时记得打开窗户哦！这样，晒太阳、做游戏，再加上通风，一举三得。当然，北方气温较低，适当地给宝贝多穿一点，每次运动或游戏的时间可以稍微短一点。

最后，再次给大家划重点！小朋友们每天看屏幕的时间累计不能超过 60 分钟哦！即使是看书或者绘画的时候，也推荐宝贝们使用“20-20-20 法则”，即用眼 20 分钟后，注视 6 米外的物体，至少保持 20 秒。

以上科普内容，值得细品！接下来让我们看看“益心、益智、益眼”的亲子活动推荐吧。

1. 玩转袜子

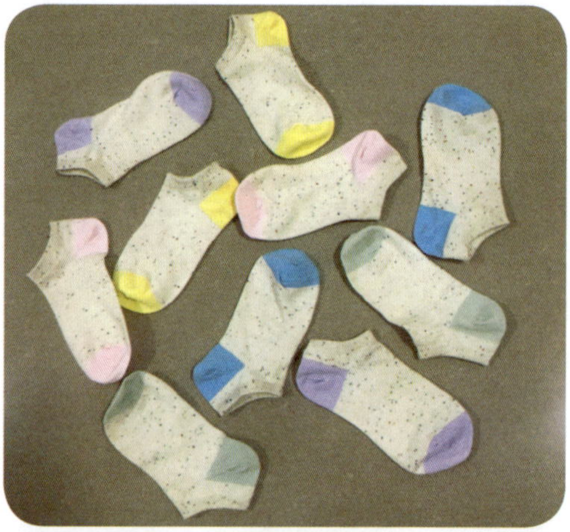

目标：促进眼球运动，发展手部精细运动能力和投掷动作技能。

道具：袜子若干。

玩法一：袜子连连看

（1）取出若干双干净的袜子，将这些袜子平整地铺在地板上（顺序打乱）。袜子颜色尽可能丰富一些，这对孩子的视力也有好处！

（2）游戏开始后，让幼儿快速地找出相同的袜子。开始考验幼儿的眼力吧！

玩法二：球球大战

（1）将若干双袜子（袜子的数量尽可能多一些）卷成小球状（参照图片）。要让孩子自己动手卷，以锻炼他们手指的精细运动能力。

（2）爸爸和妈妈用跳绳将客厅或卧室的空地分隔成面积相等的两块区域；妈妈和幼儿一队，爸爸一队；两队各站一个区域。

（3）两队持有相同数量的袜子球，往对方区域投掷。在规定时间内谁的区域中剩余的袜子球数量少谁就获胜。

温馨提示

- 注意尽量往各个方向投掷，让幼儿在不断搜寻袜子的过程中促进眼球运动。
- 可以通过改变投掷方式促进孩子不同能力的发展，例如通过两脚夹起袜子投掷，可以发展孩子的下肢力量和下肢对物体的控制能力。

2. 守护小羊

目标：促进眼球运动，培养责任感。

道具：玩偶若干。

玩法：

（1）妈妈和宝贝一起来玩个守护玩偶（如小羊）的游戏吧！

（2）妈妈拿出宝贝喜欢的小羊玩偶，说："大灰狼来啦，它要吃小羊的鼻子，咱们可一定要帮助小羊啊！"

（3）妈妈接着说："宝贝，一会儿小羊不管走到哪里，你都要用眼睛盯紧它的鼻子，这样大灰狼发现有人在看护小羊，就不敢吃小羊的鼻子了。注意，你必须要做到：第一，用眼睛紧盯着小羊的鼻子，不能离开；第二，你自己的身体尤其是头一点儿都不能动哦！你若一动，就会被大灰狼发现。它会先吃掉你，再去吃小羊！明白了吗？让咱们开始游戏吧。"

（4）提示一下：妈妈要在孩子视野范围内移动玩偶，且可以上下、左右、前后等各个方向移动，让孩子的眼球充分运动起来。另外，可以根据不同的玩偶设置不同的情景和任务，妈妈和孩子也可以互换角色，提高游戏的趣味性。

3. 千里眼

目标：预防近视，促进移动动作技能发展。

道具：贴纸（数字、字母或小动物等）。

玩法：

（1）在墙面上贴 9 张贴纸（按九宫格排列）。纸贴的大小相同，但其上面的字和图的大小要不同，而且字和图的内容与颜色也要各不相同。

（2）第一回合：孩子和爸爸距离墙面 3~5 米处背对墙面站立，妈妈说出其中一张贴纸的内容后，爸爸和孩子立马转过身，必须在 3 秒内迅速地说出该纸贴的具体位置（如左上角、第二行第一张）。只有一次机会，抢先说出正确答案者获胜，游戏结束。如果二人都没说对，则进入第二回合。

（3）第二回合：听到妈妈的开始口令后，爸爸和孩子用同一种移动方式（鸭子走、熊爬或兔子跳）以最快速度接近墙面并用手触摸到相应贴纸。注意啦！孩子和爸爸要边移动边尽早看清楚目标纸贴的位置，一旦看清楚就立刻大声说出来。

（4）只有这种情况会被判定为获胜：最先说出目标贴纸的位置，并且最早到达墙边。孩子和爸爸谁先获得 3 局胜利谁就是最终大赢家！要注意每一局的移动方式必须不同哦！

提示一下：千里眼游戏可通过由远及近的方式促进眼球肌肉的运动和视力的调节。

温馨提示

鸭子走是脚后跟着地走，熊爬是手、膝着地爬，兔子跳是两脚并拢连续跳。

4. 推理小能手

目标：通过眺望远处和接受光照来预防近视，锻炼幼儿的推理能力。

游戏规则：家长选择自家周围有特点的物体作为谜题，并给出一项提示。孩子依据提示观察搜索该物体，在搜索过程中可以进行提问，孩子则可依据家长的回答缩小范围，直至找出该物体。

玩法：

（1）爸爸选择窗外的任意一个物体（物体的选择要符合幼儿的认知水平）让幼儿来猜猜是什么。

（2）爸爸首先描述该物体的任意一个特征，例如颜色、大小、功能或大致方位等。幼儿在猜的过程中会搜寻远处和近处的物体，从而促进眼球的运动和视力的调节。

（3）幼儿可以进行提问，爸爸只能回答“是”或“否”，幼儿最多有 5 次提问机会。如果还没有猜出来，可以继续提问，但每多提问一次需要原地小兔跳 5 次。

（4）考验幼儿的推理能力啦！

温馨提示

- 由于游戏场景在窗边，爸爸一定要事先做好安全防护。
- 对于年龄较小的幼儿，爸爸可以多描述几个特征，降低游戏的难度。

8 快乐健身操

北体名师小讲堂

北体名师

李翠玲

北京体育大学副教授，体操运动健将、国家级裁判员，全国学校体育联盟（体操项目）成员。

为解决疫情期间儿童居家体育锻炼问题，北京体育大学体操教研室教师团队基于儿童身心发展特点，精心编制了一些不需要器械，在家庭居室比较狭小的空间内就可以完成的练习。这些练习内容丰富、动作各异，符合儿童活泼好动，喜欢翻滚、攀爬的特性，可以提高儿童灵敏、柔韧和协调等综合身体素质，提高抵抗疾病的能力和健康水平，培养不怕苦、不怕累的意志品质和独立生活的能力，培养勇敢向上的自信心、毅力，以及乐观、开朗的性格。

下面就让我们开始练习吧。

防疫主张：我运动，我健康，我快乐。

并腿俯撑 15~20 秒

练习目的：发展上肢支撑能力，锻炼躯干腹肌稳定控制能力。

练习方法：地上俯撑，两臂直臂支撑，与肩同宽，五指分开朝前，头部保持与躯干成一条直线，含胸收腹，直腰夹臀，两腿并拢，前脚掌着地（或脚尖绷直用脚背着地），身体平直，保持静止不动。

练习要求：两臂伸直支撑，两肩充分撑高，腰腹收紧，夹臀直腿，保持身体平直姿态。

动作视频

并腿直体仰撑 15~20 秒

练习目的：发展上肢支撑能力，锻炼躯干腰背肌稳定控制能力。

练习方法：仰撑，两臂直臂支撑与肩同宽，五指分开，手指适度朝外，头部保持与躯干成一条直线，目视前上方，挺胸挺髋，直腰夹臀，两腿并拢脚跟着地，身体平直保持静止不动。

练习要求：上肢支撑充分撑高，肩角尽量打开，挺胸挺髋，保持身体平直。

动作视频

俯撑开始，左右依次“倒手”5次

练习目的：发展上肢支撑力量，锻炼左右手臂协调用力支撑能力。

练习方法：直体并腿直臂俯撑开始，身体保持平直，左右移动身体重心，一只手臂充分支撑，另一只手臂可直臂侧上举或屈臂摸耳朵，依次反复交替倒手推撑。

练习要求：上肢支撑充分撑高，保持身体俯撑成平直姿态，左右移动身体重心，推撑用力协调均匀。

动 作 视 频

动 作 视 频

①

②

屈体直腿俯撑，向前爬行

练习目的：发展上肢支撑力量，锻炼身体协调用力的支撑移动能力。

练习方法：地上体前屈，收腹屈体直腿俯撑开始，手脚同方向依次向前爬行。

练习要求：上肢支撑充分撑高，左右移动身体重心，手臂与腿部尽量伸直。移动时上肢与下肢用力协调配合，保持直线行进。

动作视频

收腹屈腿仰撑，向后爬行

练习目的：发展上肢支撑力量，锻炼身体协调用力的支撑移动能力。

练习方法：收腹屈体仰撑开始，手脚同方向协调交替支撑向后爬行。

练习要求：上肢支撑充分撑高，左右移动身体重心，移动时手臂与身体用力协调配合，目光直视，保持直线行进。

动作视频

分腿体前屈、并腿体前屈

练习目的：发展下肢后侧肌群和背肌的柔韧能力。

练习方法：

1. 分腿体前屈：练习者分腿坐于垫上，上体前屈，两臂尽量向前伸，胸腹部尽量贴近垫面。
2. 并腿体前屈：练习者并腿坐于垫上，上体前屈，两臂尽量向前伸，胸腹部尽量贴近大腿。

练习要求：

1. 体前屈时膝关节尽量伸直，两臂尽量前伸。
2. 分腿体前屈胸时腹部尽量贴近垫面，并腿体前屈时腹部尽量贴近大腿。

动作视频　动作视频

团身侧滚翻

练习目的：发展平衡能力和身体协调能力，锻炼自我保护能力。

练习方法：练习者跪撑于垫上，滚动时顺势屈臂，团身低头，肩背部贴地面侧滚，向左（或向右）滚动至跪撑结束。

练习要求：要求每次滚动动作保持团身低头，每滚动一次还原至跪撑姿势，连续侧滚 5 次左右。尽量保持在垫子中线上滚动，滚动连贯圆滑，滚动之间减少停顿。

动作视频

分腿坐滚动转体 90° 和 180°（陀螺转）

练习目的：发展儿童滚动转体能力和空间定向能力。

练习方法：分腿坐，两手从下面托握膝盖开始。

1. 先后滚至臀部离地，接着保持分腿屈体姿势向右滚动转体 90° 至右侧身体（右腿和上体）着地，再下压左腿起成分腿坐结束。可连续做 2~4 次。

2. 先向左滚至左侧身体着地，接着保持分腿屈体姿势向右滚动转体 180° 至右侧身体（右腿和上体）着地，再下压左腿起成分腿坐结束。可连续做 2~4 次。上述练习均可向两个方向做，一个方向学会了再学习另一个方向的动作。

练习要求：保持分腿屈体姿势，滚动转体连贯，方向控制准确。

①

②

③

④

⑤

⑥

⑦

⑧

⑨

动 作 视 频

原地挺身跳（并腿、分腿）

练习目的：发展儿童的弹跳力，掌握挺身跳技术。

练习方法：两腿并拢半蹲，两臂后下举（掌心相对）。两脚充分蹬地跳起，同时两臂向前经体侧摆至侧上举，空中稍抬头、挺身（分腿挺身时两腿向侧后方分开）；然后主动向前收腿（并腿）落地，稍屈膝缓冲站稳。

练习要求：高、展、直、稳。

动作视频

前滚翻成直角坐

练习目的：发展儿童的灵敏素质及方位感，初步掌握前滚翻的动作技能。

练习方法：由蹲撑开始（两手与肩同宽），蹬地、提臀、屈髋，同时屈臂、低头重心前移，头于两手正前方着地前滚，当肩背着地时主动放腿、立上体成直角坐，两臂侧平举。

练习要求：圆滑、方向正，蹬直腿前滚。

动 作 视 频

①

②

③

单腿站立平衡（前、侧、后）

练习目的：发展儿童单腿站立的平衡能力。

练习方法：直立，两手叉腰（或两臂侧平举），一腿缓慢前下举（或侧下举或后下举），保持静止姿势 2 秒以上。

练习要求：膝盖、脚尖绷直举至 45° 或 45° 以上（后下举可降低要求），上体立直。

动作视频

①

②

③

④

9 减脂塑形

北体名师小讲堂

北体名师

郭勇

北京体育大学健美运动专家，国家健美队教练（世界冠军、亚洲冠军、全国冠军教练），国际健美联合会（IFBB）国际大师级教练，健美运动健将、国际级裁判员。

减脂塑形方法是以人体训练科学、人体美学为依据，充分利用居家或办公室场景进行的减脂塑形训练，既可以随时随地进行健身训练，又可以节约时间、提高效率。通过这套方法，可以帮助大家足不出户就能达到增肌减脂和塑造身形的健身目标，尤其对腰腹部、臀部、大腿具有显著的减脂塑形效果。你可以根据实际需要，有选择地进行练习，每次练习 10~15 组。例如，选择 5 个动作，每个动作 3 组，每组 10~15 次；也可以根据自己的时间和健身目标，有重点地进行练习，灵活方便。

防疫主张：减脂塑形，健康你我。

一、塑臀瘦腿练习

1. 壶铃摇摆

练习肌肉：臀大肌、腘绳肌、股四头肌、竖脊肌、三角肌、胸大肌。

动作要领：两手握住重物垂于体前，屈膝屈髋下蹲；然后，利用臀部和大腿的力量向上蹲起的同时两手向前上方摆动重物；向下蹲时，两手回到原位。反复练习，一般 3~5 组，每组 10~15 次。

常见错误：下蹲时弓背，两手向上摆动时与蹲起动作不协调。

动作视频

①

②

2. 高脚杯深蹲

练习肌肉：股四头肌、臀大肌、大腿内收肌、小腿三头肌。

动作要领：两脚自然开立，与肩同宽，脚尖略向外；两手握重物置于上胸部，吸气，背部挺直；屈膝、屈髋缓慢控制下蹲，蹲至大腿平行于地面，确保下蹲时膝关节的方向同脚尖的方向一致；然后，以股四头肌的力量向上蹲起，直至伸直两腿。反复练习，一般 3~5 组，每组 10~15 次 。

常见错误：背部没有挺直，出现弓背现象。

动作视频

①

②

3. 屈腿硬拉

练习肌肉：臀大肌、大腿后侧肌群、竖脊肌。

动作要领：自然站立，挺胸直腰，两手握重物于体前；动作开始时，以髋关节为轴，屈髋，屈膝，上体前倾至与地面平行；然后，挺髋，利用臀大肌和大腿后侧肌肉力量将上身还原至开始位置。反复练习，一般 3~5 组，每组 10~15 次。

常见错误：动作过程中弓腰，向上拉起时动作太快。

①

②

动 作 视 频

4. 臀桥

练习肌肉：臀大肌、腘绳肌、竖脊肌、臀中肌和臀小肌。

动作要领：仰卧在地上，屈膝，两脚间距略大于肩宽，脚后跟支撑，两臂向两侧分开放在地面上；动作开始时，将臀部向上抬起，充分收缩臀大肌，稍停；然后，缓慢回到开始位置。动作过程均匀、缓慢、有控制；反复练习，一般 3~5 组，每组 10~15 次。

常见错误：腰部发力过多。

①

②

动 作 视 频

5. 跪撑大腿侧后伸展

练习肌肉：臀大肌、腘绳肌、臀中肌和臀小肌。

动作要领：两手伸直撑地，屈髋、屈膝支撑于垫上。腰腹收紧，保持背部平直，身体稳定。以左腿为例，动作开始时，大腿向侧上方抬起至水平的同时向后上方伸展，收紧臀大肌和腘绳肌，暂停；然后，原路返回到起始位置。整个过程做到均匀、缓慢、有控制；左右反复练习，一般 3~5 组，每组 10~15 次。

常见错误：大腿向上抬起高度不够，肌肉收缩不完全。

动 作 视 频

①

②

二、细腰平腹练习

1. 俄罗斯转体

练习肌肉：腹内外斜肌、腹直肌、髂腰肌、股直肌、缝匠肌。

动作要领：仰坐在地上，稍微屈膝，两腿悬空，两手持重物，保持平衡稳定。动作开始时，利用腹内外斜肌的力量带动上身分别向两侧转体，左侧和右侧交替进行。整个过程做到均匀、缓慢、有控制；一般3~5组，每组左右各10~15次。

常见错误：身体过多的晃动。

①

②

动作视频

①

②

2. 仰撑收腹摆腿

练习肌肉：腹直肌、腹内外斜肌、髂腰肌、股直肌、缝匠肌。

动作要领：两手撑在垫上，上体后倾，两腿微屈悬垂至左侧。动作开始时，以腹部肌群的收缩力，将两腿向上身靠近，吐气；然后，两腿伸向右侧，再一次收缩腹肌，使腹部肌群处于顶峰收缩位，稍停，左右反复练习。一般3~5组，每组10~15次。

常见错误：收缩时没有吐气，两腿和躯干展开时速度过快。

动作视频

3. 肘撑收腹举臀

练习肌肉：腹直肌、腹内外斜肌、髂腰肌、股直肌、缝匠肌。

动作要领：肘部支撑于垫上，两腿并拢，腹部收紧，保持稳定。动作开始时，利用腹肌的收缩力量使臀部向上举起，吐气，肌肉达到完全收缩状态，暂停；然后，缓慢下降至腹部离地面 2cm 位置；反复进行，整个过程做到均匀、缓慢、有控制；一般 3~5 组，每组 10~15 次。

常见错误：吐气不够，腹部收缩不完全。

动 作 视 频

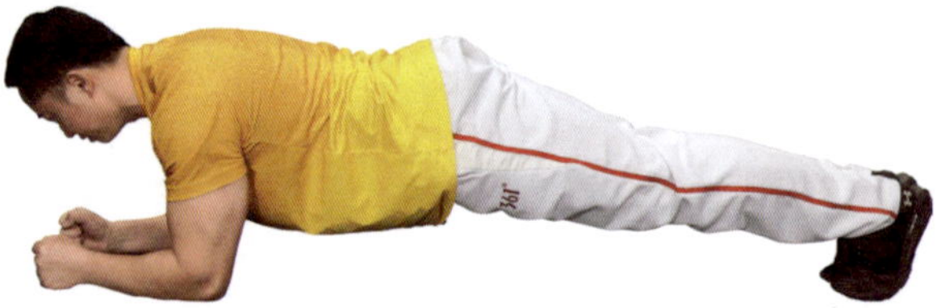

①

②

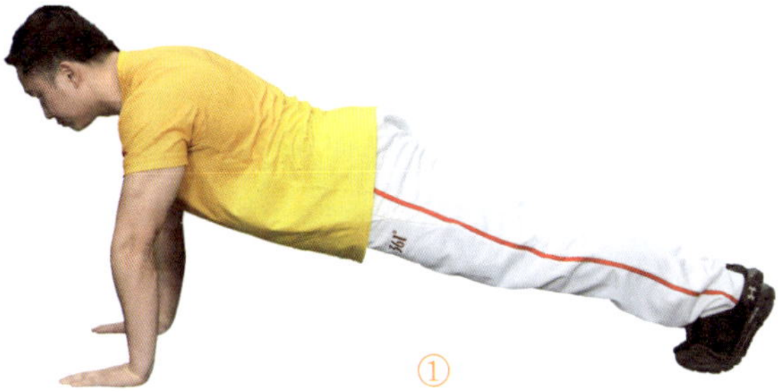

①

②

三、塑肩练习

1. 探式俯卧撑

练习肌肉：胸大肌、三角肌、肱三头肌。

动作要领：两手伸直支撑在地面上，两手间距略宽于肩。吸气，屈肘下降时双肘打开，身体向前移动；然后向后移动，集中胸大肌和三角肌的收缩力向上推起身体，离开地面，直至两臂完全伸直。一般 3~5 组，每组 10~15 次。

常见错误：动作过快，腹部没有收紧。

动 作 视 频

①

②

2. 阿诺德推举

练习肌肉：三角肌、肱三头肌。

动作要领：自然站立，两手屈臂握持重物于胸前，腰腹收紧。动作开始时，两手向两侧打开的同时向侧上方举起重物，暂停；然后，按原来的轨迹缓慢回到起始位置；反复练习。一般 3~5 组，每组 10~15 次。

常见错误：两只手用力不均衡。

动 作 视 频

3. 站姿侧平举

练习肌肉：三角肌、冈上肌。

动作要领：自然开立，两脚与肩同宽，两臂微屈握住重物置于身体两侧，腰腹收紧。动作开始时，两臂向侧上方举起，直至上臂略超过肩部，稍停；然后，两臂缓慢下降至开始位置；反复练习。一般 3~5 组，每组 10~15 次。

常见错误：在做动作时耸肩，前臂有屈伸动作。

动 作 视 频

①

②

4. 俯立侧平举

练习肌肉：三角肌后束、斜方肌。

动作要领：自然开立，两脚与肩同宽，两腿微屈，以髋为轴上身前屈至与地面平行，两臂微屈握住重物置于身体两侧，腰腹收紧。动作开始时，两臂向侧上方举起，直至上臂略超过肩部，稍停；然后，两臂缓慢下降至开始位置；反复练习。一般 3~5 组，每组 10~15 次。

常见错误：侧举时利用惯性，前臂有屈伸动作。

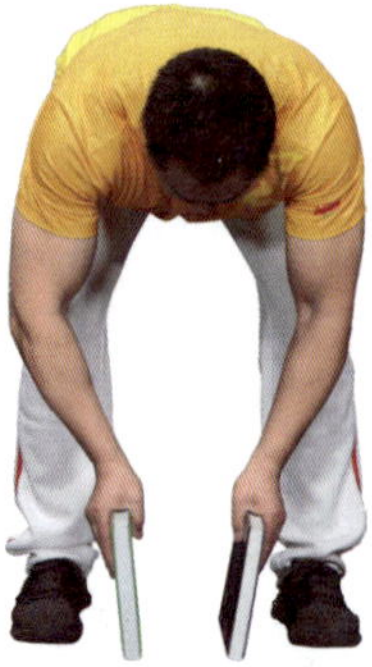

①

②

动 作 视 频

四、瘦臂练习

1. 肱二头肌弯举

练习肌肉：肱二头肌、肱肌、肱桡肌。

动作要领：自然开立，两脚与肩同宽，腰腹收紧，两手握持重物于体前。动作开始时，集中肱二头肌的收缩力带动前臂和上臂向上弯举，稍停；然后，两臂均匀、缓慢、有控制地回到起始位置；反复练习。一般 3~5 组，每组 10~15 次。

常见错误：晃动身体借力。

①

②

动 作 视 频

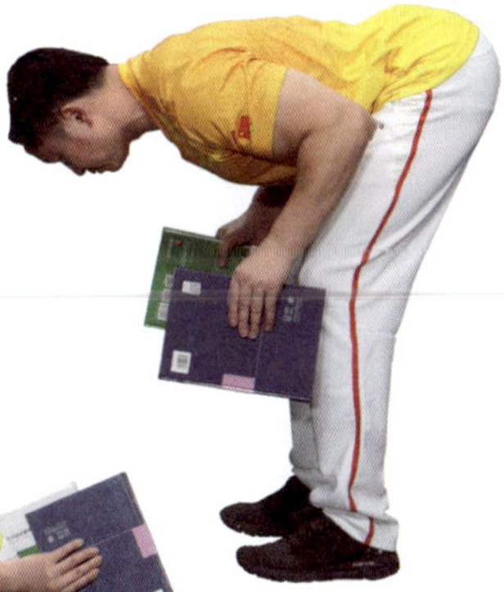

①

②

动 作 视 频

2. 俯立臂屈伸

练习肌肉：肱三头肌。

动作要领：两腿自然开立与肩同宽，上身前屈与地面平行，上臂贴紧身体两侧，前臂下垂，两手握持重物。保持上臂不动，以肱三头肌的收缩力带动前臂沿着体侧伸直，上臂上抬，稍停；然后，利用肱三头肌的控制力缓慢回到起始位置；反复练习。一般 3~5 组，每组 10~15 次。

常见错误：下落阶段无控制，身体晃动。

五、美背练习

1. 直立耸肩

练习肌肉：斜方肌上部。

动作要领：两脚自然站立，两手握住重物置于体前，腰腹收紧，身体保持稳定。动作开始时，以斜方肌的收缩力缓慢、平稳带动肩部垂直向上耸起至最大幅度，稍停；然后，以斜方肌的控制力缓慢地下降两肩，使斜方肌得到完全地伸展。一般 3~5 组，每组 10~15 次。

常见错误：向上收缩幅度不够，下降速度过快。

①

②

动 作 视 频

①

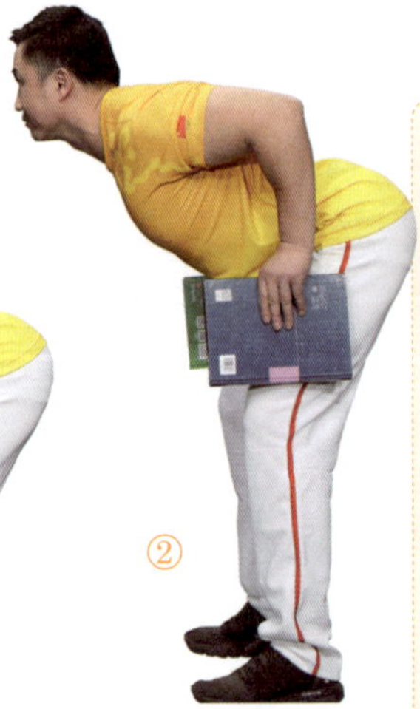

②

2. 俯立划船

练习肌肉：背阔肌、斜方肌、三角肌后束、竖脊肌。

动作要领：自然站立，两腿微屈，两手各拿一重物，以髋为轴，上身前倾至与地面平行。动作开始时，集中背部肌肉的力量收缩，使上臂向后，沉肩，肘部向背部中间靠近，用力收缩背部肌肉，稍停；然后，以背阔肌控制慢慢下落，两臂自然伸直。一般 3~5 组，每组 10~15 次。

常见错误：用力时上身抬起过高。

动 作 视 频

⑩ 轻松拉伸

北体名师小讲堂

北体名师

郭勇

北京体育大学健美运动专家，国家健美队教练（全国冠军、亚洲冠军、世界冠军教练），国际健美健身联合会（IFBB）国际大师级教练，健美运动健将、国际级裁判员。

拉伸训练方法种类很多，一般分为静态拉伸、动态拉伸、PNF 拉伸（本体感觉神经肌肉促进法）。在具体操作方式上，还可以分为主动拉伸和被动拉伸。遵循简单、实用的原则，结合居家运动健身的特点，在动作部分仅讲解主动拉伸。

防疫主张：轻松拉伸，缓解疲劳，改善体态。

认识拉伸

静态拉伸

静态拉伸是指用缓慢的动作进行牵拉，拉伸到感觉不适之临界点并保持15~30秒，在肌肉放松的同时进行了牵拉。这种拉伸由于动作缓慢，可以使受损伤的风险最小化，并且拉伸十分有效。

主动拉伸

主动拉伸是指利用自身力量或体重把肌肉拉开至一定幅度，是练习者主动用力进行的牵拉练习。这种拉伸方法相比较来说是最安全的，因为身体的动作以及动作用力大小由自身控制。主动拉伸时，动作均匀、缓慢、有控制，不易激发肌肉的牵张反射，所以，它是一种简单、易行、非常有效的拉伸方法。操作方法：主动牵拉时利用自身力量或体重将肌肉拉长，当肌肉拉伸到一定幅度时，维持15~30秒，每次做2~3组。

拉伸的作用

有效、科学的拉伸训练可以预防运动损伤和肌肉酸痛，缓解疲劳，促进血液流通和精神放松，帮助缓解颈、肩、腰、腿疼痛。

拉伸注意事项

为了能够充分拉伸，肌肉在拉伸之前首先需要做好准备活动。在一些特定的运动中，所有参与的主要肌肉（还有拮抗肌）都应该在训练前后进行拉伸。拉伸到肌肉被拉紧即可，而不是出现疼痛，如有任何的不适或者疼痛就应该停止。

一、上肢拉伸练习

1. 肩部前侧肌肉主动拉伸

预备姿势：两腿屈膝屈髋坐于垫上，两手放于身前，掌心向下，拇指向外，背挺直，两手伸直支撑上体。

动作过程：两手向后移动，并尽可能向后伸。拉伸时避免肘关节过伸。一般 2~3 组，每次拉伸 15~30 秒。

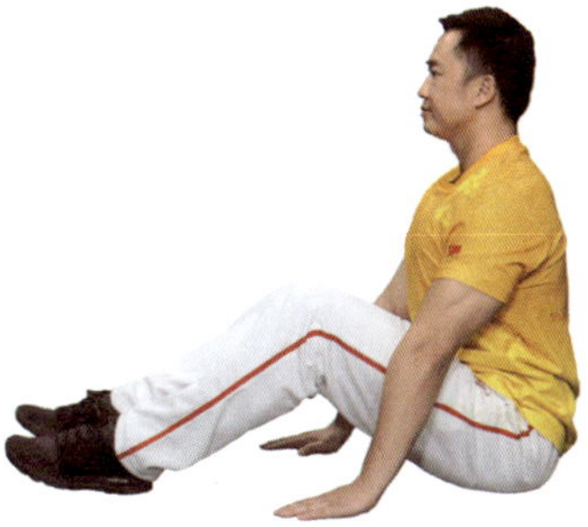

①

②

动作视频

①

②

2. 上臂前侧肌肉主动拉伸

预备姿势：以右手为例，右手掌心向后握住器械或放于低于肩的支撑物上，大拇指向下。

动作过程：屈膝降低身体高度，使右侧上肢逐渐增加后伸幅度，感觉肱二头肌的拉伸感。左右交替拉伸，一般 2~3 组，每次拉伸 15~30 秒。

动作视频

3. 上臂后侧肌肉主动拉伸

预备姿势：站立（或两腿分开坐于垫上），保持上体挺直，右侧上臂向上抬起，肘关节屈，左手扶住右侧肘关节。

动作过程：拉伸时保持上身不动，左手将右侧肘关节缓慢向后拉伸，保持屈肘。左右交替拉伸，一般2~3组，每次拉伸15~30秒。

动作视频

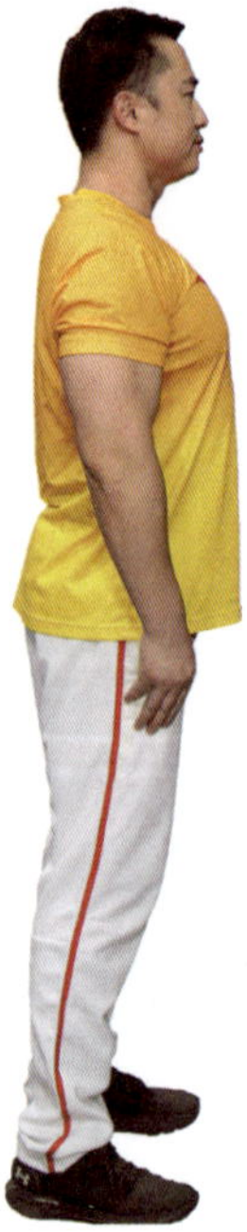

①

②

二、躯干拉伸练习

动作视频

1. 胸部肌肉主动拉伸

预备姿势：两腿前后分开成站立或下蹲姿势，上臂外展 90°，屈前臂并使上臂外旋，前臂紧贴并固定于支撑面或者墙面。

动作过程：拉伸时右侧上肢位置保持不变，以右侧肩关节为轴，向左侧旋转身体拉伸胸大肌。左右交替拉伸，一般 2~3 组，每次拉伸 15~30 秒。

①

②

①

②

2. 颈部肌肉主动拉伸

预备姿势：端坐于凳上或坐于垫上，左手握住凳子边缘，右手掌面紧贴头部左侧面。

动作过程：动作开始时，右手用力将头部拉伸至右前方，稍停。此外，还可以从不同角度拉伸斜方肌。左右交替拉伸，一般 2~3 组，每次拉伸 15~30 秒。

动作视频

3. 背部肌肉主动拉伸

预备姿势：两腿分开端坐于垫上，左臂向上伸直置于头部左侧，右手握住左手肘部。

动作过程：动作开始时，右手用力将左上臂向右侧拉伸，同时身体向右侧屈及转体，拉伸背阔肌。左右交替拉伸，一般 2~3 组，每次拉伸 15~30 秒。

①

②

动 作 视 频

4. 腹部肌肉主动拉伸

预备姿势：俯卧在垫上，肘关节屈曲，掌心向下，支撑于地面。

动作过程：动作开始时，用手臂的力量将上身推起至最大幅度，形成反背弓状，拉伸腹部肌肉（骨盆不能离开垫面）。一般 2~3 组，每次拉伸 15~30 秒。

①

②

动 作 视 频

三、下肢拉伸练习

1. 臀部肌肉主动拉伸

预备姿势：屈腿坐于垫上，左腿向后伸直，脚面向下，右腿膝关节弯曲成直角，腰背挺直，上体转向右侧。

动作过程：动作开始时，上体向前向右靠近右腿，使上身尽量靠近大腿。左右交替拉伸，一般2~3组，每次拉伸15~30秒。

动作视频

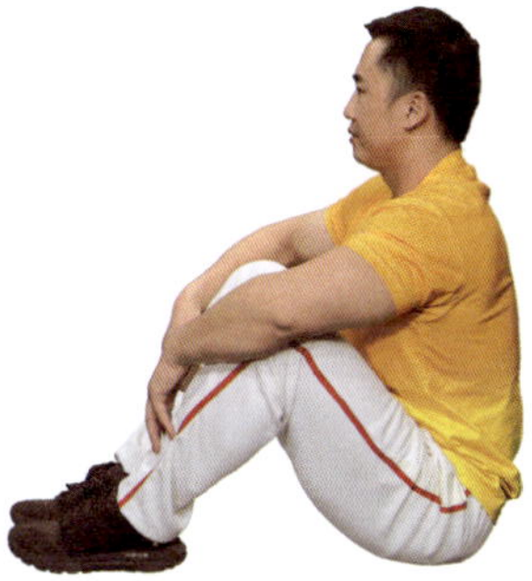

①

②

2. 大腿前侧肌肉主动拉伸

预备姿势：前后弓步，上体挺直，右腿在前，膝关节屈至90°，弯曲左侧小腿，左手握住左脚踝，右手扶在膝关节上，身体保持平衡。

动作过程：左手将小腿缓慢拉伸靠近大腿，腰背挺直。左右交替拉伸，一般2~3组，每次拉伸15~30秒。

动作视频

①

②

3. 大腿后侧肌肉主动拉伸

预备姿势：坐于垫上，右腿伸直，左腿弯曲使左脚贴于右大腿内侧，两手伸直向前。

动作过程：动作开始时，上体向前靠近大腿，逐渐过渡到两手握住脚尖将上身向前拉，进一步靠近大腿。整个过程腰背挺直，动作均匀、缓慢。左右交替拉伸，一般 2~3 组，每次拉伸 15~30 秒。

①

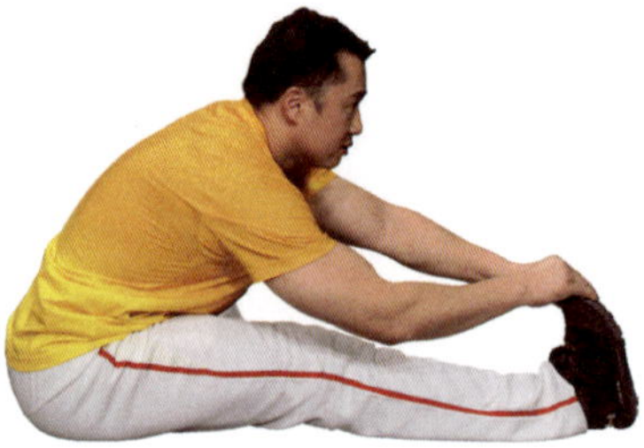

②

动 作 视 频

4. 小腿后侧肌肉主动拉伸

预备姿势：双臂肩下撑地，屈髋，躯干与左腿成直角，左腿伸直，全脚掌着地，脚尖向前。

动作过程：身体重心前移，使左小腿与地面夹角减小，缓慢拉伸左小腿后侧肌群。左右交替拉伸，一般 2~3 组，每次拉伸 15~30 秒。

①

②

动 作 视 频

11 微空间健身操

北体名师小讲堂

北体名师

马鸿韬

北京体育大学教授，博士生导师，中国体育舞蹈联合会副秘书长，全国广场舞健身活动推广委员会竞赛与裁判部主任，北京健美操体育舞蹈协会副会长，北京舞蹈家协会理事。

微空间健身操是在有限的空间条件下，男女皆宜并且安全、便捷、科学的健身方法。它吸收了经络、穴位、调息等中国传统健身方法，与健身动作相结合，强调意念、呼吸与精、气、神、韵的结合，通过肢体的扭、转、伸、拉等动作达到强身健体的功效。通过练习，可使颈部、肩部、背部，特别是脊柱的胸、腰、骶椎得到很好的锻炼。整套编创符合人体生理和解剖特点，动作与音乐融为一体。坚持练习不仅对促进身心健康、建立自信有良好的作用，还对改善和增强呼吸系统的机能有较好的作用。本操有站姿和坐姿两种练习方式，既可以单独练习，也可以两套结合起来一起练习。

防疫主张：微空间练起来，抗疫迎未来。

完整动作视频

一、呼吸调肺组合练习

温馨提示

练习时注意：第一，控制节奏；第二，呼吸与动作、经络的配合；第三，根据身体状况，既可以反复练习，也可以单独练习一组动作。

准备动作

直立，两手叠于腹部，目视前下方。

第一组动作

动作要领：1–4 拍，右脚向右成开立，两臂经体侧上举，两手合掌，上伸；5–8 拍，抬头看手；2–4 拍，低头看地，同时两臂继续上伸；5–8 拍，头抬起，看前方。

注意事项：抬头和低头时，注意腰腹的收缩和伸展，配合呼吸；采用胸式呼吸，即吸气时使胸腔上下左右变大，呼气时慢慢进行，呼的时间比吸的时间长。

①

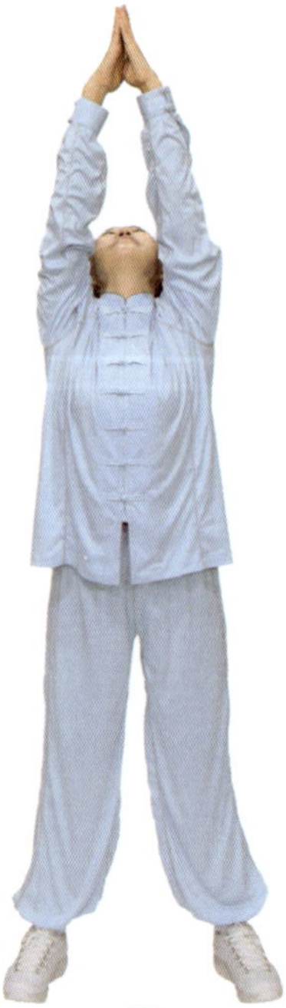

②

③

第二组动作

动作要领：1–4 拍，右手经左手臂外侧摩运到左肩前锁骨前外的凹陷处，用右手大拇指关节按揉两次；5–8 拍，右手臂经腋下向右，同时腰部拧转，右手臂经体侧上举，两手合掌；2–8 拍动作相同，方向相反；本组动作做 4 个 8 拍。

注意事项：摩运、按摩穴位时，适当用力；腰部拧转时，颈部、手臂积极配合，髋保持不动。

第三组动作

动作要领：1–4 拍，两臂内旋经前至侧举；5–8 拍，两肘关节收至腰间，前臂向内同时两掌心向上；2–8 拍，同 1–8 拍动作。

注意事项：前臂在水平面上内收和外展，注意呼吸配合，大拇指用力。

①

②

③

第四组动作

动作要领：1–8 拍，两臂经体侧至体后两手交叉，向上抬起；2–8 拍，两腿半蹲，两臂经体侧掌根用力向前推出至前举，十指向下，掌心朝前。

注意事项：手臂体后抬起时，收下颌；半蹲时，膝关节不能超过脚尖，且与脚尖同一个方向。

①

②

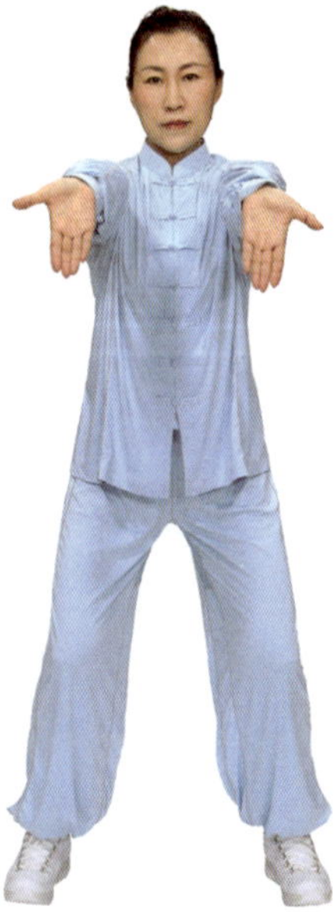
①

②

收势

右脚收回，两臂收回至开始姿态。

完整动作视频

二、坐姿绵缓扭伸练习

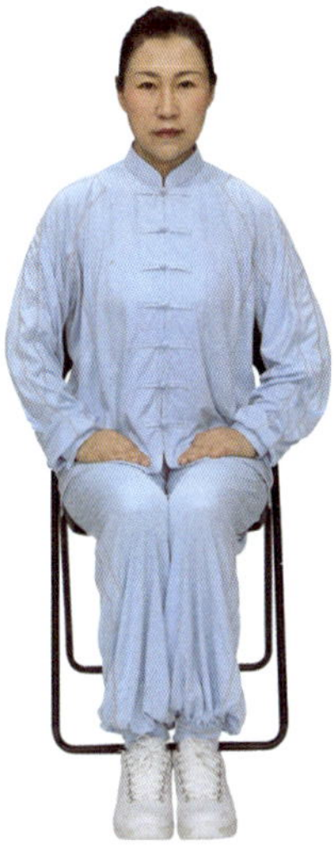

温馨提示

做这套练习时，要求身体正直，腰像拧毛巾动作一样拧动，靠脊柱的转动来进行控制，配合呼吸，加大扭转的角度和幅度，通过刺激脊柱的神经，达到调节及改善脊柱的综合作用。

准备动作

盘坐在垫子上或坐在椅子上均可。

①

②

第一个动作

动作要领：两臂侧举；左手拳心向下，右手拳心向上；左手臂内旋，右手臂外旋，同时，小拇指到大拇指依次握拳、张开；重复3次。

第二个动作

动作要领：吸气，身体向右转。右臂外旋收至胸前；左臂内旋，在背后屈肘关节（不贴在后背上），随后上抬。吸气时手指依次卷曲握紧。重复 3 次后，换方向再做 3 次同样的动作。

①

②

第三个动作

动作要领：左手放在右腿的膝盖上，右手背后，同时身体向右转，脊柱扭转，吸气时上体不动，呼气时向右转动，肩主动右转。重复 3 次后，换方向再做 3 次同样的动作。

①

②

第四个动作

动作要领：右手掌心向上起托撑，左手掌心向下按撑，两手反向运动，进行对抗性的控制和牵拉；整个动作过程保持身体端正。重复这个动作3次，然后相反方向再做3次。

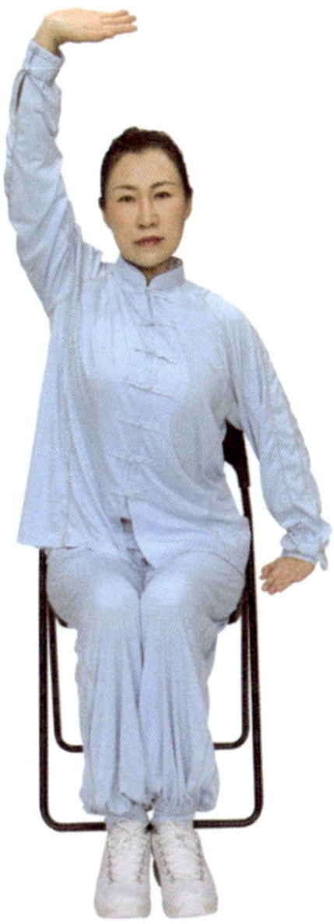

①

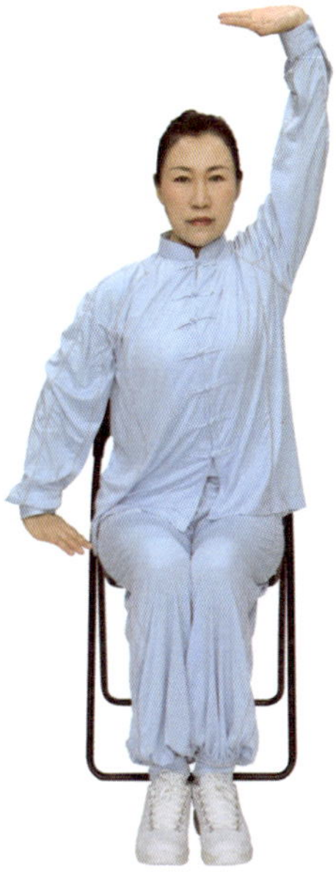

②

第五个动作

动作要领：吸气时，左手叉腰，右手置于头后，肘关节打开；呼气时，右肘关节向左髋方向运动，同时脊柱做扭转动作。重复3次后，换方向再做3次同样的动作。

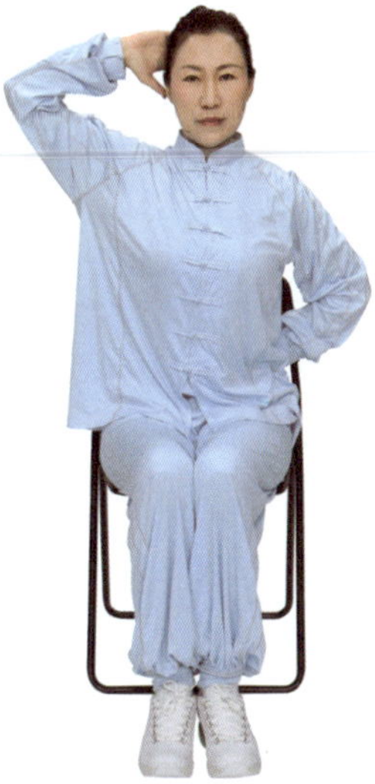

①

②

12 居家高强度间歇训练

北体名师小讲堂

北体名师

李卫

北京体育大学教授，国家级教练，博士，博士生导师，享受国务院政府特殊津贴专家，国家体育总局首批“精英教练员”，国家体育总局教练员学院特聘讲师，国家体育总局东京奥运会和北京冬奥会备战专家组成员。

疫情期间，不管是居家族还是复工族，活动空间都十分有限，这对身体健康不利。在这里介绍一款科学健身方案，使我们在繁忙的工作之余能够利用有限的空间达到强身健体的目的。力量和有氧耐力是健身和健康的两个核心要素，这款健身方案把全身力量训练与有氧训练整合在一起，既达到增强全身力量的目的，又很好地提高了有氧能力。整个训练方案的特色是利用有限空间，所需器械都选自日常生活用品，既科学，又实用。

防疫主张：体育带给你无穷力量。

训练方案由过顶深蹲、俯卧撑、俯身登山跑、仰卧起坐、单手上提重物、立卧撑跳 6 个练习组成，每个练习进行 20 秒，间歇休息 10 秒，总时间为 3 分钟。年轻人每个动作尽全力完成，身体强壮的可以把训练方案重复 2 轮，每轮间歇 15~20 分钟。中老年人可以把动作节奏放缓，但完成时间和节奏保持不变。训练前后要重视拉伸练习。

完整动作视频

一、居家高强度间歇训练方案

1. 过顶深蹲

动作描述：头部正直，目视前方，双脚开立比肩稍宽，脚尖略微分开，两臂伸直过顶，手持木棍，挺胸收腹；臀部先启动，向后下蹲，保持躯干正直，下蹲到大腿与地面水平位置。

功效：这个动作能够有效地锻炼腿部、髋部和核心部位力量，并可以提高髋部、躯干和全身的平衡稳定能力，对人体整体姿态调整也有很好的效果。

①

②

2. 俯卧撑

动作描述：双手略宽于肩支撑身体，双臂垂直于地面，双腿向身体后方伸展，依靠双手和双脚尖保持平衡；保持头、颈、后背、臀部以及双腿在一条直线上，全身挺直，平起平落。

功效：俯卧撑主要锻炼的肌肉群为胸大肌和肱三头肌，同时还锻炼三角肌前束、前锯肌和喙肱肌及身体的其他部位。其主要作用是提高上肢、胸部、腰背和腹部的肌肉力量。

①

②

①

体能较弱人群，可以双膝接触地面完成动作。

②

③

3. 俯身登山跑

动作描述：起始动作，如同俯卧撑一样，将全身重量置于手掌和脚趾上，并确保身体为一直线；利用腿部肌肉带动单腿膝关节折叠抬起，向前靠近胸部，向后放下，并换另一只脚抬起，重复动作。一开始，交替的速度不求快，先要求动作平稳；待熟练后，再加快速度。因动作像一名正在攀爬山坡的登山者而得名。

功效：登山跑是一种以腿部为主的全身性训练。俯身登山跑在强化腿部肌肉力量的同时，更能在动作进行中，对手臂、肩膀、核心肌群进行训练。

①

②

4. 仰卧起坐

动作描述：身体仰卧于地面，双手置于胸前，双腿膝关节微屈，利用腹部肌肉收缩，抬高下肢和躯干两端。

功效：提高腹部肌群力量。

①

②

体能较弱人群可以双手体后撑地帮助动作完成。

①

②

5. 单臂手提重物

动作描述：双脚开立比肩稍宽，一侧手扶固定物，腰背部挺直，臀部翘起，另一侧手臂上提重物。

功效：提高背阔肌、斜方肌力量。

①

②

6. 立卧撑跳

动作描述：先进行俯卧撑，然后收双腿，利用腿部的爆发力跳起，同时双手在头顶击掌。体能较弱人群可以省去俯卧撑动作，直接双手撑地完成后续动作。

功效：提高全身整体力量和灵敏性。

①

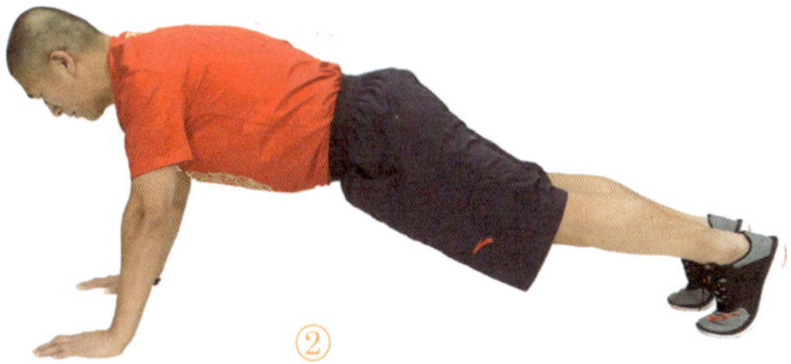

②

③

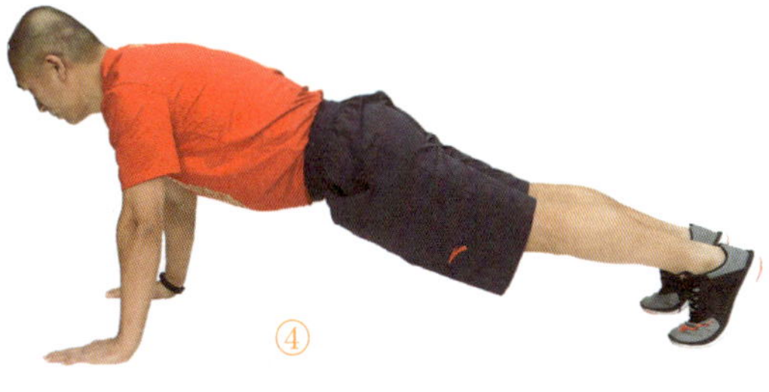

④

⑤

⑥

二、拉伸放松

1. 单腿前侧盘曲拉伸

动作描述：坐于垫上，单腿伸直，勾脚尖，脚尖朝向正上方，异侧腿盘曲于体前，身体前倾用胸部接近大腿。

拉伸部位：腘绳肌。

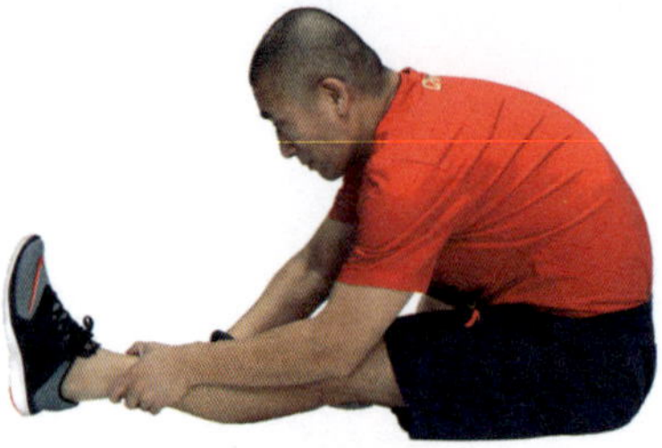

①

②

2. 单腿后侧折叠拉伸

动作描述：坐于垫上，双手后撑地，单腿向前伸直，异侧腿弯曲置于大腿后方，上体缓慢后倾，逐渐感受到大腿前侧肌群的拉伸。

拉伸部位：股四头肌、缝匠肌。

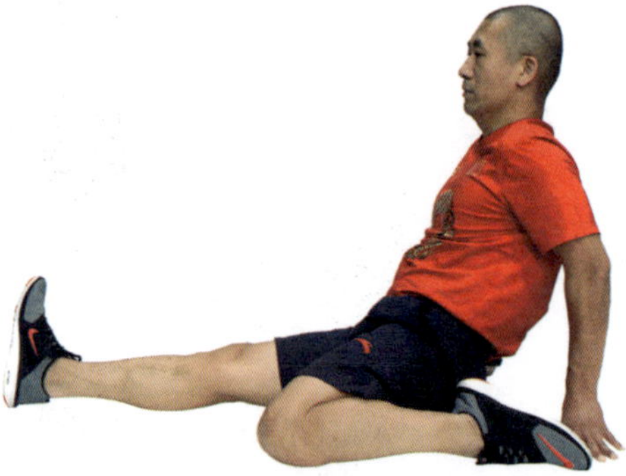

①

②

3. 腰背部拉伸

动作描述：

① 双膝跪地，臀部尽可能接触双脚后跟，身体前俯，双手尽可能伸向远端。

②③ 双膝跪地，臀部尽可能接触双脚后跟，身体向一侧前俯，双手尽可能伸向一侧远端。

拉伸部位：腰背部肌群。

①

②

③

4. 眼镜蛇姿势

动作描述：俯卧地面，双手撑地，双腿伸直，缓慢抬起上体，使胸部脱离地面，髋部和腿部仍接触地面。

拉伸部位：腹直肌。

5. 上臂前置后拉

动作描述：双脚站立，一侧手臂抬高横于胸前，另一侧手臂缓慢按压。

拉伸部位：肱三头肌、三角肌。

①

②

6. 双臂后置后拉

动作描述：直立，挺胸抬头，目视前方，双臂置于身后，双手五指交叉相握，向后伸展。

拉伸部位：胸大肌。

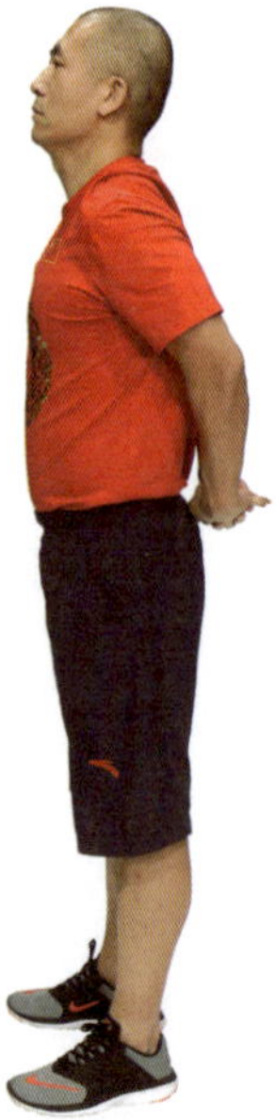

13 八段锦

北体名师小讲堂

北体名师

刘晓蕾

北京体育大学副教授，博士，世界武术冠军，世界健身气功冠军，健身气功国家队教练，北京市健身气功协会监事长。

八段锦是我国古代的导引术，由8个动作组成，因其健身效果显著，易行安全，故千余年来在民间广为流传，是中华传统养生文化中的瑰宝。八段锦整套功法质朴端庄，动静相兼，舒展柔和，不受场地、时间、环境的限制，随时随地可自行练习。其有强化脏腑功能、提升心理健康、防治慢性疾病、延缓机体衰老的健身效果。练习时，需注意循序渐进，无论是在运动负荷还是动作难度上，都要遵循由简到繁、从易到难、从少到多的原则。视频展示的是标准动作，大家练习时要因人而异，量力而为，达到动诸关节、畅通气血、加强机体新陈代谢、增强免疫力的效果。

防疫主张：八段健身，吾为修身。

完整动作视频

预备势

① 两脚并步站立，两臂自然垂于体侧，目视前方。

② 身体重心移至右腿，左脚向左侧开步。

③ 两臂内旋，两掌分别向两侧摆起，手臂与身体的角度约为 45°，掌心向后。

④ 两腿膝关节弯曲，两臂外旋，两掌向前合抱至斜前方 45° 后，再屈肘、屈腕成抱球状。

①

分解动作视频

②

③

④

两手托天理三焦

① 接上式。两臂外旋落于小腹前，掌心朝上。

② 两掌五指分开在小腹前交叉。

③ 身体重心徐缓升起，两臂屈肘，两掌垂直向上抬至胸前，掌心朝上。两腿徐缓伸直，两臂外旋，两掌向上托起，肘关节微屈，抬头，目视两掌。

④ 两掌继续上托，肘关节伸直，两臂保持抻拉，目视前方。

⑤ 两腿膝关节弯曲，两臂分别向身体两侧下落至斜下方45°时再屈肘，两掌捧于腹前。

本式托举、下落为1遍，共做6遍。

①

②

分解动作视频

③

④

⑤

左右开弓似射雕

① 接上式。身体重心右移，左脚向左开步站立，两腿膝关节自然伸直，两掌向上随两臂屈肘交叉搭腕于胸前。

② 两臂沉肘稍回收，右掌屈指成龙爪，左臂内旋坐腕成八字掌。

③ 两腿徐缓屈膝成马步，左掌向左侧推出，右龙爪向右平拉至肩前，目视推掌方向。

④ 身体重心右移，左腿膝关节略伸直，右手指伸开成自然掌，向上、向右画弧，左手指伸开成自然掌，目视右掌。

①

②

③

④

分解动作视频

⑤

⑤ 左脚收回成并步站立，两掌分别由两侧下落，屈肘，捧于小腹前，目视前方。

第三遍最后一动时，右脚收回成开步站立，膝关节弯曲，上体动作同 ⑤ 。

右式动作同左式动作，唯左右相反。本式一左一右为 1 遍，共做 3 遍。

调理脾胃单臂举

① 接上式。身体重心稍升起，左臂内旋上抬，左掌与胸同高，右臂内旋，右掌心对腹部。

② 左臂继续内旋上举，左掌翻转上托至头左上方，右臂继续内旋，右掌下按至右胯旁。两腿膝关节稍屈，左肩下沉，左臂屈肘外旋下落，左掌与胸同高，右臂外旋，右掌收至腹前。

③ 两腿膝关节弯曲，两臂外旋下落，两掌捧于小腹前。

④ 第三遍最后一动时，右臂外旋，右掌指尖转向后，两腿膝关节弯曲，右掌向前下落，按于胯旁。

右式动作同左式动作，唯左右相反。本式一左一右为 1 遍，共做 3 遍。

分解动作视频

①

②

③

④

五劳七伤往后瞧

① 接上式。两腿徐缓挺膝伸直，两肩下沉，两臂伸直。

② 两臂外旋，上摆至体侧约 45°，头向左后方转动，目视左斜后方。

③ 两腿膝关节弯曲，头转正，两臂内旋，两掌按于胯旁。

④ 第三遍最后一动时，两腿膝关节弯曲，头向前转正，两臂内旋，屈肘，两掌捧于小腹前。

右式动作同左式动作，唯左右相反。本式一左一右为 1 遍，共做 3 遍。

①

分解动作视频

②

③

④

摇头摆尾去心火

① 接上式。右脚向右开步站立，两腿膝关节自然伸直，两掌上托至胸高时，两臂内旋，两掌翻转向上分托至头部斜上方。

②③ 两腿徐缓屈膝下蹲成马步，两臂从两侧下落，两掌指扶于膝关节上方。

④ 身体重心稍起、右移，右腿膝关节弯曲，左腿膝关节稍屈，上体右倾约 45°。

分解动作视频

①

②

③

④

⑤ 身体重心稍下降成右偏马步状，上体右转俯身，目视右脚尖方向。

⑥ 身体重心左移成左偏马步状，上体保持俯身左转至左斜前方，目视右脚跟。

⑦ 右髋向右侧送出，尾闾随之向右、向前、向左、向后旋转至正后方，膝关节弯曲，头向左、向后转至正后方，目视上方。

⑧ 下颌与尾闾同时内收，身体成马步，目视前方。

⑨ 做完 3 遍后，身体重心左移，右脚收回成开步站立，两掌从两侧向上外旋翻转，两臂随之上举，两腿膝关节弯曲，两臂屈肘，两掌经面前下按至小腹前。

右式动作同左式动作，唯左右相反。本式一左一右为 1 遍，共做 3 遍。

⑤

⑥

⑦

⑧

⑨

两手攀足固肾腰

① 接上式。两腿挺膝伸直站立，两掌指尖转向前，两臂向前、向上举起。

② 两臂外旋，两掌随屈肘经面前下按于胸前。两臂外旋，经腋下向后反插。

③ 两掌心贴背，沿脊柱两侧向下摩运至臀部。

④ 上体前俯，两掌继续沿腿后向下摩运至脚踝，再贴两脚外侧移至小脚趾处，随之旋腕扶于脚面，掌指朝前，目视下方。

分解动作视频

①

②

③

④

④

侧图

⑤ 两掌沿地面向前、向上远伸，以臂带动上体抬至水平，目视前下方。

⑥ 两臂继续向前、向上举至头上方，上体立起，目视前方。

⑦ 做完 6 遍后，两腿膝关节弯曲，两臂向前下落，两掌下按至小腹前。

本式一下一上为 1 遍，共做 6 遍。

⑤

⑥

⑦

攒拳怒目增气力

① 接上式。身体重心右移，左脚向左开步，两腿徐缓屈膝下蹲成马步，两手握拳，收至腰间。

② 左拳缓慢向前冲出，当肘关节离开肋部时，拳越握越紧，眼睛注视左拳并逐渐睁大，脚趾抓地，目视左拳。

③ 向右转腰顺肩，左臂内旋，左拳变掌前伸，目视左掌。

④ 左掌指向下、向右、向上、向左再向下依次旋腕一周，随之握拳，脚趾抓地，眼睛睁圆，目注掌动。

⑤ 左拳随屈肘收至腰间，脚趾放松，眼睛放松，目视前方。

⑥ 做完 3 遍后，身体重心右移，左脚收回成并步站立，两拳变掌，自然垂于体侧。

右式动作同左式动作，唯左右相反。本式一左一右为 1 遍，共做 3 遍。

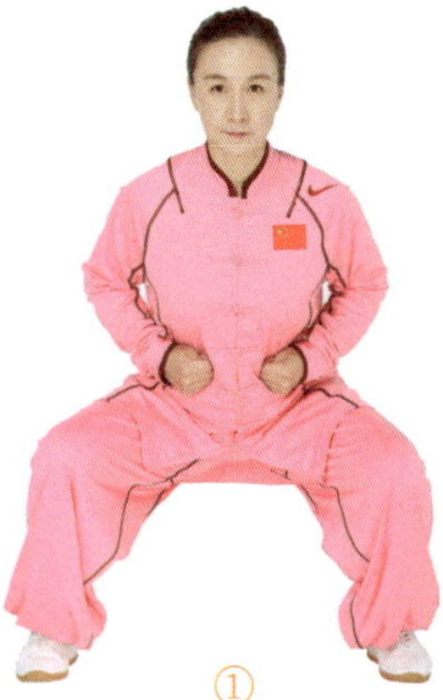

①

②

③

④

⑤

⑥

分解动作视频

背后七颠百病消

① 接上式。掌指下伸，脚跟提起，脚趾抓地，动作略停，目视前方。

② 脚跟徐缓下落，轻震地面，咬牙，沉肩，舒臂，周身放松。

本式一起一落为 1 遍，共做 7 遍。

分解动作视频

① ① ②

侧图

收势

① 接上式。两臂内旋，两掌向两侧摆起约 45°。

② 两臂外旋，两掌向前画弧至斜前方 45° 时，屈肘合抱至小腹，两掌相叠（男性左手在内，女性右手在内），目视前下方，静养片刻。

③ 两臂自然下落，两掌指轻贴于腿 外侧，目视前方。

分解动作视频

① ② ③

⑭ 太极拳综合十式

北体名师小讲堂

北体名师

黄康辉

北京体育大学副教授，中国武术八段，国家级社会体育指导员，中央电视台国际频道太极拳系列讲座节目主讲人之一。

太极拳哲理丰富、运动形式独特、文化底蕴深邃、健身效果显著，深受广大群众喜爱。疫情期间，久居家中或有序复工后更需要适度运动，提高身体免疫力。十式太极拳短小精悍，易学、易练，旨在帮助初学者快速掌握动作要领，提升练习兴趣。这套拳法所需空间不大，非常适合在办公室或家中练习。坚持练习本拳法，可以全面、显著提升身体机能，有益身心。

防疫主张：自康康人，自乐乐人。

完整动作视频

1. 起势

动作要领：两脚并步直立，两手轻贴大腿外侧，提左脚向左开步，同时两手前平举，随后，两手下按至腹前，掌心向下，掌指向前，两眼平视前方。

练习要点：开步和下蹲时，上体保持中正，身体要保持松、静、自然。

①

②

③

分解动作视频

2. 倒卷肱

动作要领：

①②③ 马步推掌，右腿屈膝提起，左手屈臂向内，转至耳侧；随后，右脚向后落步，成左前虚步；同时左手向前推按，掌心向前，掌指向上；右手向内收转至腹前，掌心向上，眼看前方。

④⑤ 左腿屈膝提起；右手屈臂向内，转至耳侧；随后，左脚向后落步，成右前虚步；同时右手向前推按，掌心向前，掌指向上；左手向内收转至腹前，掌心向上，眼看前方。

后面两动，动作相同，再各重复练习一次。

练习要点：换步时，身体要保持平稳、缓慢、柔和。

分解动作视频

①

②

③

④

⑤

3. 野马分鬃

动作要领：

①② 右腿屈膝提起，两手画弧托起，右手转至右膝前上方，左手转至左侧后方；右腿向前上步，成右弓步，同时右手向前穿靠，掌心向上，掌指向前；眼看右手前方。

③④ 身体右转，左腿屈膝提起，两手画弧托起，左手转至左膝前上方，右手转至右侧后方；左腿向前上步，成左弓步，同时左手向前穿靠，掌心向上，掌指向前；眼看左手前方。

⑤⑥ 身体左转，右腿屈膝提起，两手画弧托起，右手转至右膝前上方，左手转至左侧后方；右腿向前上步，成右弓步，同时右手向前穿靠，掌心向上，掌指向前；眼看右手前方。

练习要点：两手转换时，步法要稳定，手法要顺逆缠转（拇指向外为顺缠，拇指向内为逆缠）。

①

②

③

④

⑤

⑥

分解动作视频

4. 搂膝拗步

动作要领：

①② 重心移至右腿，左脚收转至右脚内侧；右手画弧托转至右侧前方，掌心向上，掌指斜向右前方；左手向内转至右肘内侧；左脚向左斜前方上步，屈膝前弓；右脚跟向外蹬转，形成左弓步；同时右臂屈肘，向胸前推出，掌心向前，掌指向上；左手向左搂转至左胯外侧，掌心向下，掌指向前，眼看前方。

③④ 身体左转，重心移至左腿，右脚向内收至左脚内侧；左手画弧转至左侧前方，掌心向上，掌指斜向左前方；右手向内转至左肘内侧，掌心向下；右脚向右斜前方上步，屈膝前弓；左脚跟向外蹬转，形成右弓步；同时左臂屈肘，向胸前推出，掌心向前，掌指向上；右手向右搂转至右胯外侧，掌心向下，掌指向前，眼看前方。

⑤⑥ 身体右转，重心移至右腿，左脚向内收至右脚内侧；右手画弧托转至右侧前方，掌心向上，掌指斜向右前方；左手向内转至右肘内侧，掌心向下；左脚向左斜前方上步，屈膝前弓；右脚跟向外蹬转，形成左弓步；同时右臂屈肘，向胸前推出，掌心向前，掌指向上；左手向左搂转至左胯外侧，掌心向下，掌指向前，眼看前方。

练习要点：出步时，两脚横向不要过宽，保持在15~20厘米；推出的手要尽量伸直，还要注意松肩沉肘。

分解动作视频

①

②

③

④

⑤

⑥

5. 云手

动作要领：

①②③ 身体右转，右腿弓住，提起左脚，经右腿后侧向右后方插步，前脚掌着地；提起右脚向右上步，成左弓步；右手向右转至右侧前方，左手向右转至右侧前方，同时两手画弧转至左侧前方，掌心向外，掌指斜向前，眼看右前方。

④⑤⑥ 身体右转，右腿弓住，提起左脚，经右腿后侧向右后方插步，脚前掌着地；提起右脚向右上步，成右弓步；随后，右手向右转至右侧前方，左手向右转至右侧前方，同时两手画弧转至左侧前方，掌心向外，掌指斜向前，眼看右前方。

练习要点：步法向右移动两次；云手时两掌心均向外。

①

②

③

④

⑤

⑥

分解动作视频

6. 金鸡独立

动作要领：

①②③ 身体右转，左脚向左前方擦出，屈膝前弓；随之右腿屈膝提起，成独立式，脚尖自然下垂；同时，两手沿弧线转至胸前，右手向上穿至额前上方、变逆缠继续向上穿出，掌心向外，掌指向上，左手向下向外转至左胯外侧，掌心向下，掌指向前，眼看前方。

④⑤ 身法不变；右脚向下震落，同时两手下按至两胯侧；随之，左腿屈膝提起，成独立式，脚尖自然下垂；同时，两手沿弧线转至胸前，左手向上穿至额前上方、变逆缠继续向上穿出，掌心向外，掌指向上，右手向下向外转至右胯外侧，掌心向下，掌指向前，眼看前方。

练习要点：步法变化较多，有进步、横移步、独立步、震脚等，练习时要和手法规范配合。

分解动作视频

①

②

③

④

⑤

7. 拍脚

动作要领：

①②③ 右腿屈膝下蹲，左脚向左前方上步，右腿屈膝提起，形成独立式；同时，两臂屈肘向内，叠抱于胸前，右手在内，左手在外；随后，右脚向右前上方弹出，脚面绷平；同时，右手向前击拍脚面，左手向左后方伸展，眼看右脚。

④⑤⑥ 左腿屈膝下蹲，右脚向右前方上步，左腿屈膝提起，形成独立式；同时，两臂屈肘向内，叠抱于胸前，左手在内，右手在外；随后，左脚向左前上方弹出，脚面绷平；同时，左手向前击拍脚面，右手向右后方伸展，眼看左脚。

练习要点：拍脚时击拍要准确、要清脆，腿要伸直。

①

②

③

④

⑤

⑥

分解动作视频

8. 揽雀尾

动作要领：

①② 右腿屈膝下蹲，身体右转，提起右脚向前上步，脚跟着地，随后屈膝前弓，成弓步；同时，右手向前掤出，臂成弧形，掌心向内，掌指向左，左手向下按至左胯前，掌心向下，掌指向前，目视前方。

③④ 身体稍左转，左腿屈膝，成右前虚步；同时，两手向下捋转至腹前；身体左转，左手向左斜后方转出，随后左手向内按转至右腕内侧；同时，右腿屈膝前弓，右臂向前挤出。

⑤⑥ 左腿屈膝，重心后坐，右脚尖翘起；两臂屈肘，两手向内转至胸前，两手沿体侧向下按转至腹前，向前推按；同时屈膝前弓；掌心向前，掌指向上。

①

②

③

分解动作视频

④

⑤

⑥

⑦⑧⑨ 身体左转，左脚向前上步，屈膝前弓，成左弓步；同时，左手向前掤出，臂成弧形，掌心向内，掌指向右，右手向下按至右胯前，掌心向下，掌指向前，目视前方。

⑩⑪ 身体稍右转，右腿屈膝，成左前虚步；同时，两手向下捋转至腹前；身体右转，右手向右斜后方转出，随后，右手向内按转至左腕内侧；同时，左腿屈膝前弓，左臂向前挤出。

⑫⑬ 右腿屈膝，重心后坐，左脚尖翘起；两臂屈肘，两手向内转至胸前，两手沿体侧向下按转至腹前，向前推按；同时，屈膝前弓；掌心向前，掌指向上。

练习要点：此式分动作较多，但是左右相同，主要突出了太极拳中的掤、捋、挤、按四种方法，练习者要清晰牢记。

⑦

⑧

⑨

⑩

⑪

⑫

⑬

9. 十字手

动作要领：①② 身体右转，左脚尖内扣落地，右腿弓膝，随后重心左移，提起右脚向内收转成小马步；同时，两手向下、向内交叉合抱于胸前，左手在内，右手在外，掌心向内，掌指斜向上，目视前方。

练习要领：转身平开，两手向内画弧，先下后上。

①

②

分解动作视频

10. 收势

动作要领：①②③ 身法不变，两手内旋前伸，随后下落，两腿站直，提起左脚向内并步还原，目视前方。

练习要点：身体平稳，并步还原。

①

②

③

分解动作视频